獨秀文存·随感录

陈独秀◎著

首都经济贸易大学出版社
Capital University of Economics and Business Press
·北京·

图书在版编目（CIP）数据

独秀文存．随感录/陈独秀著．--北京：首都经济贸易大学出版社，2018.1

ISBN 978-7-5638-2686-5

Ⅰ．①独… Ⅱ．①陈… Ⅲ．①陈独秀（1879-1942）—文集 Ⅳ．①D2-0

中国版本图书馆 CIP 数据核字（2017）第 203454 号

独秀文存·随感录
陈独秀 著
Duxiu Wencun Suiganlu

责任编辑 季云和
封面设计 砚祥志远·激光照排 TEL：010-65976003
出版发行 首都经济贸易大学出版社
地　　址 北京市朝阳区红庙（邮编 100026）
电　　话 （010）65976483 65065761 65071505（传真）
网　　址 http://www.sjmcb.com
E-mail publish@cueb.edu.cn
经　　销 全国新华书店
照　　排 北京砚祥志远激光照排技术有限公司
印　　刷 唐山玺诚印务有限公司
开　　本 710 毫米×1000 毫米 1/16
字　　数 220 千字
印　　张 12.5
版　　次 2018 年 1 月第 1 版 2023 年 3 月第 1 版第 3 次印刷
书　　号 ISBN 978-7-5638-2686-5/D·183
　　　　 ISBN 978-7-5638-2684-1（全四册）
定　　价 69.00 元

图书印装若有质量问题，本社负责调换
版权所有 侵权必究

獨秀文存
四
獨秀文存
三
獨秀文存
二
獨秀文存
一

二十五年前，我在上海警鐘報社服務的時候知道陳仲甫君。那時候，我们所做的，都是表面普及常識，暗中鼓吹革命的工作。我所最不能忘的，是陳君在蕪湖，与同志數人合辦一種白話報，他人逐漸的因不耐苦而脫離了，陳君獨力支持了幾个月，我很佩服他的毅力与責任心。後來陳君往日本，我往歐洲，多年不相聞問。直到民國六年，我任北京大學校長，与湯君爾和商及文科學長人選，湯君推陳獨秀，說獨秀即仲甫，並以新青年十餘本示我。我問明陳君住址，

獨秀文存

就到前门外某旅館訪他，他答應相助。陳君任北大文科學長後，与沈尹默、錢玄同、劉半農、周啓民諸君甚相得，後來又聘到已在新青年發表過文學革命通訊的胡適之君，益復興高彩烈，漸漸兒引起新文化的運動來。

後來陳君離了北京，我们兩人見面的機會就狠少；我記得的共有十五年冬季在亞東圖書館与今年在看守所的兩次。他所作的文，我也狠難得讀到了。

這部文存，所存的都是陈君在新青年上發表過

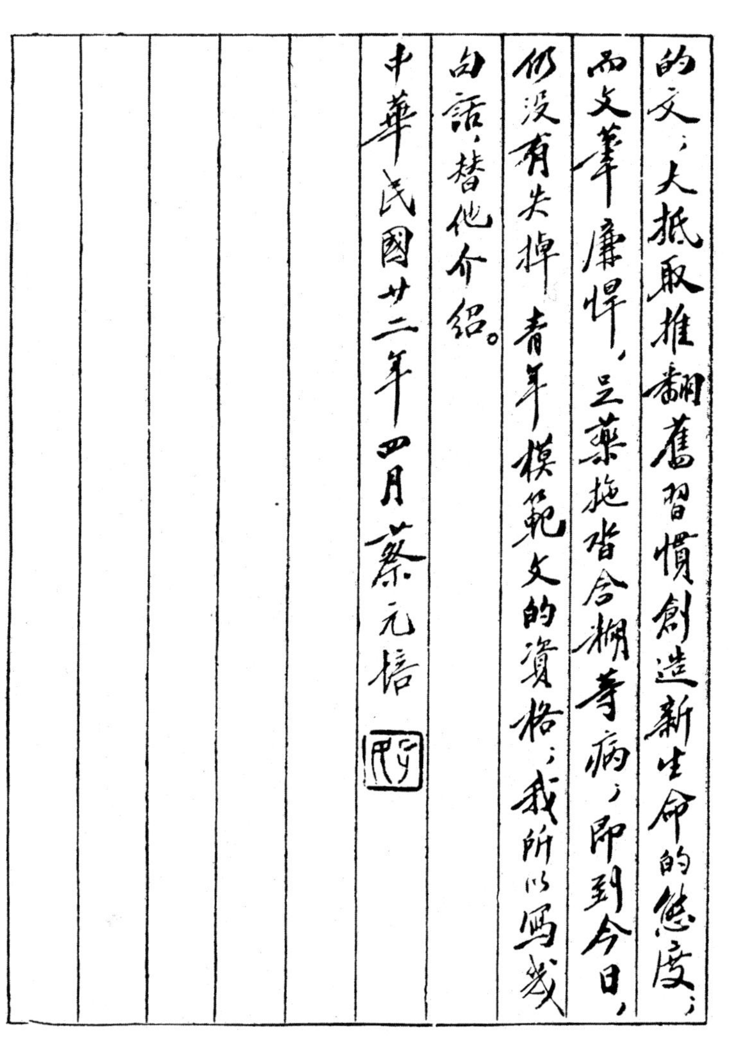

的文；大抵取推翻舊習慣創造新生命的態度；而文筆廉悍，足藥拖沓含糊等病；即到今日，仍沒有失掉青年模範文的資格；我所以寫幾白話，替他介紹。

中華民國廿二年四月 蔡元培

獨秀文存

序

二十五年前，我在上海《警钟报》社服务的时候，知道陈仲甫君。那时候我们所做的，都是表面普及常识，暗中鼓吹革命的工作。我所最不能忘的，是陈君在芜湖，与同志数人合办一种白话报，他人逐渐的[①]因不耐苦而脱离了，陈君独立支持了几个月；我狠[②]佩服他的毅力与责任心。

后来陈君往日本，我往欧洲，多年不相闻问。直到民国六年，我任北京大学校长，与汤君尔和商及文科学长人选，汤君推陈独秀，说独秀即仲甫，并以《新青年》十余本示我。我问明陈君住址，就到前门外某旅馆访他，他答应相助。陈君任北大文科学长后，与沈尹默、钱玄同、刘半农、周启民诸君甚相得，后来又聘到在《新青年》发表过文学革命通讯的胡适之君，益复兴高彩烈[③]，渐渐儿引起新文化的运动来。

后来陈君离了北京，我们两人见面的机会就狠少；我记得的就止有十五年冬季在亚东图书馆与今年在看守所的两次。他所作的文，我也狠难得读到了。

这部《文存》所存的，都是陈君在《新青年》上发表过的文，大抵取推翻旧习惯、创造新生命的态度，而文章廉悍，足药拖沓、含糊等病；即到今日，仍没有失掉青年模范的资格。我所以写几句话，替他介绍。

中华民国廿二年四月　蔡元培

---

① 当时用法，今作“地”。

② 旧同“很”。本篇下文同。

③ 今作“兴高采烈”。

自　序

亚东主人将我近几年来所做的文章印行了。我这几十篇文章，原没有什么文学的价值，也没有古人所谓著书传世的价值。但是如今出版界的意思，只要于读者有点益处，有印行的价值便印行，不一定要是传世的作品；著书人的意思，只要有点心得或有点意见贡献于现社会，便可以印行；至于著书传世藏之名山以待后人这种昏乱思想，渐渐变成过去的笑话了。我这几十篇文章，不但不是文学的作品，而且没有什么有系统的论证，不过直述我的种种直觉罢了；但都是我的直觉，把我自己心里要说的话痛痛快快的①说将出来，不曾剿袭②人家的说话，也没有无病而呻的说话，在这一点，或者有出版的价值。在这几十篇文章中，有许多不同的论旨，就此可以看出文学是社会思想变迁底③产物，在这一点，也或者有出版的价值。既有出版的价值，便应该出版，便不必说什么“徒灾梨枣”等客套话。

一九二二年八月，独秀自序于上海

① 当时用法，今作“地”。

② 同“抄袭”。

③ 旧同“的”。

两团政治

中国人，上自大总统，下至挑粪桶，没有人不怕督军团，这是人人都知道的了，但是外交团比督军团还要利害。列位看看，前几天督军团在北京何等威风！只因为外交团小小的一个劝告，都吓得各鸟兽散。什么国会的弹劾，什么总统的命令，有这样利害吗？这就叫做“中国之两团政治”！

义和拳征服了洋人

有人说，现在法国使馆也在那里扶乩请神，岂不是洋人也相信鬼神了吗？我道：却不尽然。原来官场腐败，中外相同。而且外国虽有极少数好奇的学者爱谈鬼怪，不像中国神奇鬼怪是全国人普遍的思想。

战争的责任者

协约国以德皇为欧洲大战的责任者，要求荷兰国交出来审问治罪。我们中国此次南北战争，国家、人民也都吃苦不小，请问担这责任的人到底是谁?

公仆变了家长

古时专制国，皇帝就是家长，百姓就是弟子。此时共和国，总统算是公仆，国民算是主人。家长式的皇帝下一道上谕，拿那道德不道德的话来教训百姓，原不算稀奇。现在公仆式的总统也要下一道命令来教训国民，这是怎么一回事？

一九一八，十二，二二

大红顶子红缨帽

清室虽然退了位，每月初一十五，满街都是出入清宫戴大红顶子的主人、戴红缨帽子的奴仆。提起德国、俄国皇室的悲惨，我狠[①]替清室和这班戴大红顶子的、红缨帽子的担忧。

① 旧同“很”。

异哉搭现问题

铁路、电话，都是政府的营业；中交票，都是政府发出的纸币。现在京奉火车要搭现，电话也要搭现。奉天人和北京总商会的抗议，交通部竟置之不理。难道铁路、电话不是政府办的吗？难道中交票不是政府发的吗？为什么自己发的纸票子自己不用呢？堂堂政府的交通部这样不说理，还在那里说什么道德，说什么法律，说什么养民哩！——算了罢①，简直打起脸来就得了！

一九一八，十二，二九

① 旧同“吧”。

野心

本月十六日，威尔逊总统在巴黎议事厅宣言云：“美国加入欧战之时，非独因为中欧帝国之宗旨不合，应受各国爱慕自由公理者所抵抗，但因其图谋破坏法律之野心，已见于实行，激动吾人之心。”前几天，冯国璋总统也说：“予意和平之进行，当力图永久之和平，而勿为目前敷衍之计。根本解决只在打消各方军阀谋扩充个人势力之野心。但使今日具有武力之人能发生一种觉悟，知武力之不可恃，法律之不可违，民意之不可抹煞，勿凭借地位以逞私见而动辄发难，则国家从此可以安定。”这两位总统的名言，我都佩服得很。可见得一国中有了扩充个人势力、破坏法律的野心家，不但国内人民要反对他，就是外国人也要兴师问罪哩！

倒军阀

日本东京庆祝协约战胜的时候，庆应大学学生五千人开提灯大会，前竖一面大旗，上面写了“倒军阀”三个大字，游行时经过的衙署都招待他们，惟有参谋部合[1]陆军部不理。我们天津的庆祝会，南开学校的学生却异想天开，做一个“国魂舟”，两位学生装扮关羽、岳飞坐在船内，游行街市。一个是反对武人政治（乃木、东乡，真算得是中国关、岳一流人物，何以日本青年不崇拜他[2]，还要反对他呢?），一个是崇拜忠孝节义时代的武人。现在两国的青年思想如此不同，将来的国运就可想而知了。

一九一八，十二，二九

① 今作“和”。

② 依文义，今应作“他们”。下文“还要反对他”，今也应作“他们”。

军民分治

军人是对外用的，在国内政治上，他没有地位。现在政府里人和在野政客都把“军民分治”四字挂在嘴上，当作最时髦的政策。殊不知野蛮国只有军治，文明国只有民治。地方治安，应该是地方官的责任。请问民治以外，军治是什么？全国的海陆军都应当隶属中央，不当分属地方（就是联邦制，地方政府也不养兵）。所以什么“军民分治”，什么“划分军区”，都是根本的错误。

到底是那[1]一团利害？

议员本代表国民的，却受了督军的指挥，反对曹汝霖做交通总长。曹汝霖却知道这一团不及那一团利害，所以外国人便提议京奉路全部取现。一个国务员同意案，暗中也有两团势力的竞争，这国会成个什么国会！政府成个什么政府！

① 旧同“哪”。

得众养民

前月十八日政府下了一道命令，开口便说道："道以得众为先，政以养民为本。"按：共和国没有皇帝，不是家天下，不知什么人想得众做什么？共和国人民是靠自己养自己，不靠人养的，更不要官养的；不但不要官养，并且出租税养了官。我们中国的人民不但养了官，还养着许多官来残害人民。啊呀！少发点纸票子来骗人民的钱，（用出算一元，收入只算四角几分，不是骗钱吗?）少招点士兵来伤害人民的生命财产，就算是阿弥陀佛了！如今没有什么圣祖高皇帝，什么圣祖仁皇帝，用不着什么"抚育元元""加惠黎庶"的恩诏！

谁是匪?

各省的匪多极了。政府要打算除暴安良，剿匪诚然是顶要紧的事。但是这件事不自今日才要紧，也不是陕西、福建更要紧。南方收容了卢、樊等匪，本来不对。但是有曾经政府任命的两位鼎鼎大名巡阅使原来又是什么出身呢？如今果然要剿匪？当真要剿匪？那我就举双手赞成！

一九一九，一，五

国防军

国家养兵，本来都是为国防用的。现在又要新招什么国防军，那末其余的军队，留做什么用处呢！叫做什么名目呢！难道叫做“家防军”吗？

军人与官僚

野蛮的军人，腐败的官僚，都是国民的仇敌。但是两样比较起来，军人更觉可怕、可厌。同是可怕、可厌的军人，我们觉得那不曾倡首拥戴袁世凯做皇帝、不曾阴谋复辟、不曾加入督军团来逼着总统解散国会的，比较还好一点。

武治与文治

中国武治主义，就是利用不识字的丘八，来压迫政见不同的敌党；或者是设一个军政执法处，来乱杀平民。中国的文治主义，就是引用[①]腐败的新旧官僚，来吸收人民的膏血；或者是做几道命令，来兴办教育、工商业，讨外国人的好；做几道命令，来提倡道德，提倡节孝，提倡孔教，讨社会上腐败细胞的好。武治主义，文治主义，当真是这样吗？

① 原文如此。

尊孔与复辟

照孔圣人的伦理学说、政治学说，都非立君不可；所以袁世凯要做皇帝之先，便提倡尊孔。现在内务部又要把颜元、李塨二人从祀圣庙，政府里居然准了，因此下了道命令，说些什么孔子道赞化育，陶铸群伦，“重儒修，明正学”，(邪学是什么?)“入德即在彝常，导世先端教化”的话。大家想想，这是什么意思?

安徽小鬼

章太炎因为安徽人在政治上造的罪恶太多了，逢人便骂“安徽小鬼，没有一个好东西!”现在别的方面不用说了，单说自称人民代表的先生们，北京某俱乐部的重要分子，不大半是我们贵省人吗？安徽省议员不是奉承倪嗣冲通过了“盐斤加价”的议案了吗？我想章老先生的话真正不错。

一九一九，一，十二

国民大会

国民大会，必须经过合法的手续方能成立，断断不许所谓名流私人集合可以冒充的。最奇怪是朱代表电请国务院派周自齐、林长民到南方筹办国民大会。分明由政府委员组织私人团体，硬说是国民大会，硬说是有仲裁两方面争执的资格，恐怕国民不能承认罢[①]。

---

① 旧同“吧”。

鸦片与纸票

上海烧了存土一千多箱，北京中交纸票渐渐涨价，总算是现政府办了两件差强人意的事。但是甘肃、陕西、云南等省仍旧烟苗遍地；丘八贩烟土，无人敢问；吗啡的坏处，比鸦片还要利害；湖南、湖北的纸票，真是商民的大害：像这些事，才是政府分内应该办理的。比那异想天开的重道德、尊孔教的命令正当得多，有益得多。

一九一九，一，十九

呜呼，特别国情！

租界上的领事裁判权和警察权，海关的协定税法，世界上受外国这种不平待遇的，现在只有我们中国一国。若问各国何以待我们这样特别，他[①]们必定爽爽快快答道，就是你们常说的“中国有特别国情”的缘故。

① “五四”以前“他”兼指男性、女性以及一切事物。［见《现代汉语词典》（第7版）］

公理战胜强权

我们对于参战，简直算没有出力。如今若在和平会议席上提出无数的要求，固然可耻；但是在各国方面，要把这个理由来拒绝中国，难道公理战胜强权的解说，就是按国力强弱分配权利吗？

揭开假面

协约国攻击德国的旗帜，就是“公理战胜强权”。如今那海洋自由问题、国际联盟问题、巴尔干问题、殖民地占领问题，都是五个强国在秘密包办。至于弱小国的权利问题、缩小军备问题、民族自决问题，更是影儿没有。我们希望这公理战胜强权的假面，别让主张强权的德意志人揭破才好。

谁的罪恶?

政府令军警督察处检查军人私贩烟土，总算胆子不小。这位不会做官的马处长，却当真的[1]去严行搜查；查出贩土的人不是师长的兄弟，便是阔人的马弁，弄得没有办法，听说要想辞职。禁烟本是一件好事，马处长总算一个好人，好人竟办不下这好事，请问是谁的罪恶?

一九一九，二，二

① 当时用法，今作“地”。

公理何在？

此次欧洲的大战，比利时真是义侠可风，牺牲的程度也不算小。如今会议席上，五强国竟垄断起来，可怜吃了千辛万苦的比利时，竟做了门外汉，连日本也比不上，试问公理何在？过激派的行为纵或有不是的地方，但是协约国把他们破坏俄、德两大专制的功劳一笔抹杀，又试问公理何在？德皇未败以前，反对战争始终不屈的只有李普克尼希一派，从前附和德皇的人如今却逼迫李普克尼希，而且加害他的生命，又试问公理何在？

光明与黑暗

近来日本黎明会里的人，是抱着“反对军阀专制、资本家专制”的新思想。反对他们的守旧党，就是黑龙会里的人。这两边一黑一明的旗帜，倒也鲜明。

特别国情

前筹安会的重要职员景耀月，近来发布他在国民制宪倡导会招待席上的演说。大意说是宪法要按照一国的历史、习惯、民情、风俗特别制定，不可模仿欧美的成法。我看什么共和，什么宪法，都是欧美人特有的制度，按照我们中国的历史、习惯、民情、风俗，都不必勉强学他[①]。我劝景某还是拿古德诺"特别国情"的话头，去鼓吹帝制罢[②]，何苦谈什么共和国的宪法呢？

一九一九，二，九

① "五四"以前"他"兼指男性、女性以及一切事物。[见《现代汉语词典》（第7版）]

② 旧同"吧"。

司令部土多

前几天《顺天时报》上有一段《日下三多》的文章，说京中某司令部包贩烟土，司令部土多是三多之一。查京中有两个司令部：一是京畿警备司令部，一是奉军驻京司令部。这土多的不知是那[①]一个司令部？我要请问军警督察长和警察总监。

① 旧同“哪”。

信实通商

如若有人想买鸦片土，可以送现洋四百五十元到东城某胡同某军机关处，比时就取得收条，烟土一百两随即送到。并且有了他[①]发的收条，这烟土就算保了险，不怕警察查拿。这不算得信实通商吗?

---

① “五四”以前“他”兼指男性、女性以及一切事物。[见《现代汉语词典》(第7版)]

理想家那[①]里去了？

法兰西国民向来很有高远的理想，和那军国主义狭义爱国心最热的德意志国民正是一个反对。现在德意志不但改了共和，并且执政的多是社会党，很提倡缩减军备主义。而法兰西却反来附和日本、意大利，为着征兵废止国际联盟军备缩小等问题，和英、美反对，竟使威总统有主张将平和会议迁移他国的风传。不知理想高远的法兰西国民都到那里去了？

一九一九，二，二三

① 旧同“哪”。本篇下文同。

旧党的罪恶

言论思想自由，是文明进化的第一重要条件。无论新旧何种思想，他[①]自身本没有什么罪恶。但若利用政府权势来压迫异己的新思潮，这乃是古今中外旧思想家的罪恶，这也就是他们历来失败的根原[②]。至于够不上利用政府来压迫异己，只好造谣吓人，那更是卑劣无耻了！

---

① “五四”以前“他”兼指男性、女性以及一切事物。[见《现代汉语词典》(第7版)]

② 今作“根源”。

中日亲善

欧洲和会，已有反对秘密外交的趋势。而口口声声说中日亲善的日本，偏偏不许我们宣布中日秘约[①]。此次欧战，乃是公同[②]对敌的义举，所以出力的各国不曾向塞、比、波兰要求酬报。而口口声声说中日亲善的日本，偏偏要把山东的铁道、矿山做青岛交换的条件。中日亲善，原来就是这样！

① 今作“密约”。
② 今作“共同”。

亡国与卖国

亡国总是一件不幸的事体，卖国也是一种不好的行为，却不能因为亡在那[①]一国，卖到那一国，在道路远近上、人种差别上，分别幸与不幸、好与不好。同一亡国卖国，若说亡在卖在道路较近、人种较同的国家手里，就说是亲善，不算是亡国卖国，这个道理无人能懂。

① 旧同“哪”。本篇下文同。

东局千零十三号

本来参战军里面，许多日本人执行重要职务。他们偏偏不肯承认，硬说是参战军里没有日本人。请看电话簿上东局千零十三号电话，是参战军训练处坂西室，不知这位坂西是那[①]国人？

一九一九，三，二

① 旧同“哪”。

参战军

有人问我：就算是欧战还没有完全了结，就算是西伯利亚还不太平，中国军队的程度都不相上下，都可以用做参战或是边防，为什么定要归一系人编的国防军才能参战，才能防边呢？参战军本来因为欧战已了，才改个名目叫做国防军，现在为什么又称做参战军呢？中外舆论都主张要裁撤国防军，只有日本人的机关报极力说现在没有撤废参战军的理由，这又是什么缘故呢？我说：这就是国防军断难裁撤的缘故，也就是国防军断不能裁撤的缘故！

亚洲的德意志

欧洲的德意志已经抛弃军国主义了，亚洲的德意志还是毫无觉悟。他[①]对于世界上的事，反对缩减军备与废止征兵，和自由主义的英、美不合。他对于中国的事，袒护军阀，反对裁撤参战军，又和自由主义的英、美不合。他如此迷信武力，且看他将来的运命如何。

① “五四”以前“他”兼指男性、女性以及一切事物。[见《现代汉语词典》（第7版）] 本篇下文同。

爱尔兰与朝鲜

欧洲岛帝国有个爱尔兰问题，亚洲岛帝国也有个朝鲜问题。这两个民族自决运动的精神都已十分表现，可算东西对照，无独有偶了。但是美国众议院已经多数议决援助爱尔兰独立了，这问题差不多就要解决。再看朝鲜怎么样呢？

一九一九，三，十六

你护的什么法？

日本鉴于世界大势，要将朝鲜和台湾的总督改用文官，免得军治制度招朝鲜人和台湾人的反抗。想不到我们中华民国里口称护法的人，还有分设九军区的主张。划分军区，就是承认军人有管辖区域，就是承认军治制度。这是比日本人对待被征服的朝鲜、台湾还不如，请问你们护的什么法？

和平的根本障碍

南方派说陕西问题是重大问题，北方派说是枝叶问题。我也说是枝叶问题，不但陕西问题，就是福建问题、参战军问题，也都是枝叶问题。只有造成这三个枝叶问题的原动力，乃是和平障碍的根本问题。若不除去这根本障碍，那上海的和平会议终久是要破裂的。试问造成欧洲战乱的威廉第二若仍旧在德国执掌兵权，那巴黎的和平会议能够成立吗?

一九一九，三，二三

更加肉麻

梁节庵先生常对人说：我听见什么维新党、革命党谈自由、平等、民权，已经是肉麻了；如今更听见许多前朝的官吏老儒投降了革命党，做了他们民国的官吏议员，已经可耻，还要厚着脸学我们谈纲常名教，我听了更加肉麻！

林纾的留声机器

林纾本是想借重武力压倒新派的人，那[1]晓得他的伟丈夫不替他做主，他老羞成怒；听说他又去运动他同乡的国会议员，在国会里提出弹劾案，来弹劾教育总长和北京大学校长。无论那国的万能国会，也没有干涉国民信仰、言论自由的道理。我想稍有常识的议员，都不见得肯做林纾的留声机罢[2]？

① 旧同“哪”。本篇下文同。

② 旧同“吧”。

日本人可以在中国随便拿人吗？

各国的治外法权，不出使馆以外。就是对于可怜的中国，扩充一点，向来也不能出租界以外。现在日本使馆竟公然在北京捕拿朝鲜人，无论所拿的是政治犯或是窃犯，不请求中国警察代拿，都是侵犯中国的主权。试问东京的中国使馆若有这样行动，日本的政府应该怎样对待呢？

一九一九，三，三〇

冤哉洪述祖！

洪述祖判了死刑，固然是罪有应得；但是那教唆洪述祖去谋杀宋教仁的袁世凯，乃是真正首犯，虽然死了不能加刑，何以政府里人人都还尊敬他不得了呢？

一九一九，四，六

南北一致

人人都说南北意见不能一致，其实不然。请看陈树藩在陕西提倡种烟，唐克明也在鄂西照办。北方某军驻京的机关和某旅长、某司令部，都为包贩鸦片发了横财，云、贵军队也全靠这宗生意才有兵饷。这岂不是南北一致吗？再看护法军不提护法的事，国防军不肯担任国防的事，这不又是南北一致吗？

纲常名教

欧洲各国社会主义的学说已经大大的[①]流行了，俄、德和匈牙利并且成了共产党的世界。这种风气，恐怕马上就要来到东方。日本人害怕得很，因此想用普遍选举、优待劳工、补助农民、尊重女权等等方法，来消弭社会不平之气。但是这种希奇古怪外国事，比共和、民权更加悖谬，自古以来不曾有过，一定传不到中国来。即便来了，就可以用“纲常名教”四个字轻轻将他[②]挡住。日本人胆儿太小，我们中国人不怕！不怕！

① 当时用法，今作“地”。

② “五四”以前“他”兼指男性、女性以及一切事物。［见《现代汉语词典》（第7版）］

中国和平的障碍

吴佩孚听了赵恒惕“这回南北战争不是北军攻打南军，简直是日本攻打中国”的话，才主张停战。当时有人说赵恒惕这话是故意造谣，离间北洋团体的。前几天日本前外相加藤在宪政会议员总会的演说，也说“彼参战借款、军事协约、兵器供给等，为中国和平之障碍者，多属前内阁之失策所遗留”。大家应该相信赵恒惕的话，不是故意造谣了罢[①]。

---

① 旧同“吧”。

太监与缠足

世间事理，固然没有绝对一定的是非，但是太监和缠足这两件事，总算得非多而是少罢[①]。不料广州有一位新闻记者，居然称赞缠足，说是有关风化。北京某大学有一位教员，在讲堂上说宦官是中国特有的好制度。中国人复古思想竟然到了这步田地，只有令人叹气罢了！

① 旧同“吧”。

安徽省议会的笑话

倪嗣冲的议会，因为安徽绅民反对盐斤加价、警务加征、一五加征三个议案，曾由议长提交大会议决，要取缔人民嗣后对于议会议决各案不得函电干涉。这件事我们用不着批评他[①]，只写下来当作中国议会史的附录里一段笑话材料就得了。

---

① “五四”以前“他”兼指男性、女性以及一切事物。［见《现代汉语词典》（第7版）］

婢学夫人

林琴南排斥新思想，乃是想学孟轲辟杨、墨，韩愈辟佛、老。林老先生要晓得，如今虽有一部分人说孟轲、韩愈是圣贤，而杨、墨、佛、老却仍然有许多人尊重，孟轲、韩愈的价值正因为辟杨、墨、佛、老减色不少。况且学问、文章不及孟、韩的人，更不必婢学夫人了。

倪嗣冲的儿子

议员倪幼丹，听说参议院要弹劾教育总长，他说道：咱们国会何必干涉学堂的事？照这样看来，那位自称参议院代表去恐吓傅总长的人，他的知识程度还不及倪嗣冲的儿子！

一九一九，四，六

衍圣公和张天师同声一哭

全国基督教会推举代表到欧洲和会请愿信教自由的规定，大概如下：

（一）各国政府应该对于各教的人民一律平等看待，不得规定一教为国教。

（二）各国政府应该革除宗教的仪文礼节，政教分离，免得政界人员有教规不同的障碍。

（三）政府不得拿国家的公款供一教的需用，像建筑、祭祀、岁俸等类。凡用公款建设的寺产，都收归国有，改做公共事业之用。各项祭祀、岁俸，永远停止。

（四）各国政府元首不得敕封各教的教师和僧道的职员爵位，像衍圣公、张真人等封号一概取消。

不可思议的新旧思潮

日本是君主国，那德莫克拉西主义和纲常名教主义冲突，原来是当然的事。若在共和国里，纲常名教本当不成问题了，一方面却还把纲常名教当做旧思潮，一方面也把德莫克拉西当做新思潮，两边居然起了冲突，实在是不可思议。更奇怪的竟有一班调和大家、折衷大家，想用那折衷主义来调和新旧。试问德莫克拉西是什么？纲常名教是什么？两下里折衷、调和起来是个什么？

林琴南很可佩服

林琴南写信给各报馆，承认他自己骂人的错处，像这样勇于改过，到[①]很可佩服。但是他那热心卫道、宗圣明伦和拥护古文的理由，必须要解释得十分详细明白，大家才能够相信咧！

① 今作“倒”。

关门会议

南北代表都赞成关门主义。《平和日刊》的记者更劝他们“谢绝外界，暂断交通，远师四大国秘密会议之成规”。要晓得这回巴黎会议也是分赃会议，所以不得不秘密，所以毫无价值。我看他们议决的事件，大约和从前维也纳的神圣同盟差不多，事后必无效果。请看匈牙利的事，就是个榜样。南方某代表还主张不见客不看报。像这样“闭门造车”的法子，固然免得议论庞杂，意见纷歧，我看他们这样怕庞杂纷歧，到①不如请出一位皇帝来，下一道上谕解决时局，岂不更简单痛快！

① 今作“倒”。

文治主义原来如此

在段内阁武治时代，大学到[①]安然无事；现在却因为新旧冲突，居然要驱逐人员了。哈哈！文治主义原来如此！

① 今作“倒”。

形式的教育

日本国民党新发布的政纲第七条，是“教育去形式的积习，宜谋与国民生活的实质相接触”。我们中国的青年，也正要死在形式教育的监牢里面，那教育部直辖得最得意的某专门学校，更是极端的形式主义，内容却是一包糟！

怪哉插径班！

我现在不反对基督教，也不反对学生信仰基督教。但是像清华、南开等并不是教会经费所设立的学校，那教职员却用全力要叫基督教做他们的“校教”，要叫他们的学校做教会的附属品，我却不以为然。听说清华学校还有什么“插径班”，这班的用意乃是拿考试分数做信教的变换条件，这岂不是一桩怪事！

一九一九，四，一三

二十世纪俄罗斯的革命

英、美两国有承认俄罗斯布尔札维克政府的消息，这事如果实行，世界大势必有大大的变动。十八世纪法兰西的政治革命、二十世纪俄罗斯的社会革命，当时的人都对着他[①]们极口痛骂，但是后来的历史家都要把他们当做人类社会变动和进化的大关键。

① “五四”以前“他”兼指男性、女性以及一切事物。［见《现代汉语词典》（第7版）］本篇下文同。

多谢倪嗣冲、张作霖

中国资产社会和劳动社会都不很发达，社会革命一时或者不至[1]发生。但是倪嗣冲在安徽拼命搜刮金钱，包办煤矿铁矿，不许旁人插手。张作霖在奉天因为要扩张自家的银号，霸占全省的财权，弄得别家银行、钱庄纷纷破产。我看这两位财神，到[2]是制造社会革命的急先锋！

一九一九，四，二十

① 今作“致”。
② 今作“倒”。

伤寒病和杨梅毒

军人的武治主义是发大热的伤寒病，现出早晚就要性命的样子，但是热退病就好了。官僚的文治主义是毒菌传遍血液的杨梅疮，眼前表面上虽不大觉得什么痛苦，一旦毒中脑部或是脊髓等处，却是无法可治。中国政界伤寒病还没好，杨梅毒又正在那里极力发展，非赶快把“安体匹林”和“六百零六”并用不可！

土匪世界

陕西全省的兵，除了胡景翼的一旅和管金聚的一旅，无论南北，都是土匪。现在要救济陕西的人民，非把胡、管两旅以外的兵一齐调开，绝对没有办法。若用匪剿匪，真是欺人之谈。

一九一九，四，二〇

却没有了自己

我曾经遇见一位反对《新青年》和《新潮》杂志的人，问他反对的是那[①]一篇文章那一种议论。他说："我并没有看过《新青年》和《新潮》，只听见别人都这样说。"又有一班看过《新青年》和《新潮》的人，他[②]反对的理由，是因为他[③]说的议论和古人所说的不合。我看这两种人只晓得有别人、有古人，却没有了自己！

---

① 旧同"哪"。本篇下文同。

② 按今语法，应作"他们"。

③ "五四"以前"他"兼指男性、女性以及一切事物。［见《现代汉语词典》（第7版）］

四大金刚

章宗祥、曹汝霖、江庸、陆宗舆，都是很有知识和能力的人，不知道社会上因为什么说他们是亲日派四大金刚。这次章公使由日本回国，许多中国留学生都手拿上面写着“卖国贼”三个字的旗子送到车站。我们是没有血性的国民，只好希望章等四人有点觉悟。

一九一九，四，二〇

世界第一恶人

英文《京津时报》所载日本寺内内阁时代联合俄、德帝党缔结三国同盟的计划，如今虽还没有十分证实，但照他扶助中国军阀压迫人民的毒计看起来，却有几分令人相信。寺内！寺内！真是世界第一恶人，罪在德帝威廉第二以上！

一九一九，四，二〇

苦了章宗祥的夫人

驻日章公使回国的时候，三百多中国留学生赶到车站，大叫“卖国贼”，把上面写了“卖国贼”“矿山铁道尽断送外人”“祸国”的白旗，雪片似的向车中掷去，把一位公使的夫人吓得哭了。其实章宗祥他很有“笑骂由他笑骂”的度量，只苦了他的夫人。留学生何忍这样恶作剧！

一九一九，四，二八

怎么商团又要“骂曹”？

段内阁和寺内内阁时代，前后二万万圆的借款，抵押了无数的矿山、铁道和森林，不用说都是日本西原氏，中国章、曹、陆诸人的大功。破坏铁道统一的功劳，也算曹汝霖第一。这回设法妨害巴黎专使提案的亲日派卖国贼还没有查实是谁，上海商业公团又居然归功于曹汝霖。我想曹汝霖必然暗中笑道：就是你们中华民国的全国国民都站起来骂我，我不但不怕，而且正于我有大大的利益。

陆宗舆到底是那[1]国的人？

有人说中华汇业银行是中日合办的，有人说完全是日本的银行，我们实在弄不清楚。为了吉、黑两省金矿、森林借款的事，那中华汇业银行总理陆宗舆给中华民国农商总长、财政总长的信，满纸的"贵国""贵政府"。这中华汇业银行到底是那国的银行，陆宗舆到底是那国的人，我们实在弄不清楚！

① 旧同"哪"。本篇下文同。

再看江庸的戏

日本人宝爱江庸，也不在章、曹、陆之下。章、曹、陆在外交界做的好戏，我们都已经看过，实在不忍再看了。有人说江庸的父亲是一位旧文学家，很讲道德，必然有家教，不许他儿子卖国。

法律是什么东西?

吸鸦片烟和赌钱自然不是好事，法律应该禁止的。但是那有钱有势的老爷太太们，在公馆里吸鸦片烟、打麻雀、打扑克的，天天不知道有多少。大老官赌起钱来，输赢到十万八万，都是常有的事。就是那惩办烟犯、赌犯的法官、警察官，吸烟赌钱的也不少，那[①]个敢说他们犯法？单单寻着那吸烟赌钱的穷苦男女，捉来又是拘留又是罚钱，说他们犯了刑法，违了警章。原来刑法和警章，就是这么一件东西！

① 旧同“哪”。

干政的军人反对军人干政

南方军人通电反对军人干政，北方的参、陆两部也通电大表同情。他们是真心还是假意，已经令人怀疑了。至于那用兵保段内阁上台的张作霖，用兵赶黎总统下台的倪嗣冲，也来通电说军人干政的不是，未免太滑稽了。

破坏约法的人拥护约法

有了新国会就没有约法，有了约法就没有新国会，这是人人都知道的。想不到新国会的议员也主张国会议宪的权柄是约法赋与[①]的，不许旁人代劳。王郅隆竟电告北方代表，说国会根据约法应该拥护。冤哉约法，破坏的是他们，拥护的也是他们，这件事刚巧和北方军人通电反对军人干政同时发生，可算得“无独有偶”了。

① 今作“赋予”。

克伦斯基与列宁

克伦斯基本是俄国温和派的首领，现在居然致电劳农政府，说他的思想渐渐和布尔札维克主义接近。可见世界上温和的人都要渐渐的[①]激烈起来了，这是什么缘故呢?

① 当时用法，今作“地”。

南北代表有什么用处?

新国会议员说南北代表无权解决法律问题，我也以为诚然不错。不但法律问题，就是裁兵、废督问题，将来也不过议决几个空言的议案，实际上都不是他们能够解决得了的。若想真和平，非多数国民出来，用那最不和平的手段，将那顾全饭碗、阻碍和平的武人、议员、政客扫荡一空不可。像那二十个毫无力量的代表，是湖南人说的话——“没得寸用”。

护法？丑！套狗索！

你们不是到过广州非常国会高谈护法吗？你们所骂的非法政府、非法内阁所设的战后经济调查会，二百多会员当中，旧国会议员到[①]占了四分之三以上，内中有许多到过护法国会的，如今为了每月三百大洋，居然摇尾伸头套了非法内阁的“套狗索”。这种轻骨头，比三钱灯草灰还轻。战后经济调查是何等重大事件，怎么拿人民的血汗钱来做这项不经济的“套狗”用？这种黑骨头，比漆比墨还黑。

一九一九，四，二八

① 今作“倒”。

护法吗？要钱！

新国会议员有岁费又有津贴，他们怎样浪费人民的血汗钱，我们不必责备他[①]。怎么护法的旧国会也要把补给岁费案提出和会呢？我很盼望这话不确。

---

① 按今语法，应作“他们”。

发财的机会又到了！国民怎么了？

中国全靠借债过日子，可怜极了！可怕极了！但是一班热心借外债得回扣的官僚却因此发了大财。你看金刚派和新旧交通系里一班时髦总次长，那[①]一个不是穷书生出身，如今都妻妾满堂、阔不可比，试问他们的钱是那里来的？善后大借款，又有用全国田赋抵押四万万元的话，那班借款大家都忙着到上海赶这发财的机会去了。但是我们国民的担负怎么了！

① 旧同“哪”。本篇下文同。

公同[①]管理

无论铁路问题、青岛问题，大而至于全国政权问题，不用说，我们最希望的是自己管理。倘若自己不能管理，只好让列强公同管理。我们最反对的，是让日本管理。因为日本管理的地方，不但兵队、警察要来，那卖淫的、卖药的、卖鸦片的、卖吗啡的、收买铜钱的，一齐都要来，都要把中国人踩在脚底下当狗打。打过了还要中国人和颜悦色的[②]同他“亲善”，不然就加上你一个“排日”的罪名。老实不客气，我们中国若免不得亡国的运命，宁可亡在欧美列国手里，不愿亡在日本手里。联合亚洲的黄人抵抗欧美白人的鬼话，我们绝对不相信。因为黄人待黄人，比白人待黄人还要残狠十倍。日本人在东三省和山东的情状，比从前俄人、德人怎么样？这就是个明白的榜样。

---

① 今作“共同”。本篇下文同。

② 当时用法，今作“地”。

我国

北京日本人的某机关报评论中日的外交，纯然是日本人的口气，这是他[①]分所当然。惟有说到中国，却满口的“我国”“我国”。这“我国”到底是指那[②]一国，令人莫明其妙。

① “五四”以前“他”兼指男性、女性以及一切事物。［见《现代汉语词典》（第7版）］

② 旧同“哪”。

两个和会都无用

上海的和会，两方都重在党派的权利，什么裁兵、废督，不过说说好听，做做面子，实际上他们那[①]里办得了。巴黎的和会，各国都重在本国的权利，什么公理，什么永久和平，什么威尔逊总统十四条宣言，都成了一文不值的空话。那法、意、日三个军国主义的国家，因为不称他[②]们侵略土地的野心，动辄还要大发脾气退出和会。我看这两个分赃会议，与世界永久和平、人类真正幸福，隔得不止十万八千里，非全世界的人民都站起来直接解决不可。若是靠着分赃会议里那几个政治家、外交家在那里关门弄鬼，定然没有好结果。

---

① 旧同“哪”。

② “五四”以前“他”兼指男性、女性以及一切事物。［见《现代汉语词典》（第7版）］

何苦瞎打通电！

自从林、莫诸人通电以后，北方军人赞成军人不干涉政治的电报接着纷纷打出，说起来都和真的一样。想不到张作霖马上就电告政府说和会所议的废督裁兵办法，东三省办不到。倪嗣冲马上就电告政府说新国会不能解散。我们想不出张、倪二人通电军人不能干政的时候，是一种什么心理？

梅兰芳

艺术是何等神圣的事业，梅兰芳懂的[①]什么？他到日本，听说很受日本人欢迎。若是欢迎他的艺术，我为中国艺术羞煞！若是欢迎他的容貌，我为中国民族羞煞！

① 旧同“得”。

卖国都有凭据吗?

小卖国——卖军用地图、外交秘密文件等——往往有凭据，大卖国到[①]往往没有凭据。若已经有了事实上的证明，只因为没有特别凭据可以到法庭起诉，就说不能加他卖国的罪名，那么，世界公认朝鲜卖国贼李完用、宋秉畯，除了亲日的事实以外，难道有什么卖国的特别凭据吗?

一九一九，五，四

① 今作“倒”。

对外圆满，对内统一

北京学生做的《五七报》，虽然没有什么扰乱秩序的议论，但“五七”二字有伤日本人的感情，是应该禁止的。《晨报》和《国民公报》时常鼓吹国民爱国，恐怕日本人听了讨厌，也是应该监视的。北京排日的气焰，算《益世报》第一，封禁得更不错。用武装禁止学生集会演说，顶是日本人快心的事。但是二十二日北京基督教五公会在灯市口公理教堂开会，上书英、美两国政府说日本欺压中国的危险。这件事政府也要拿出维持秩序的威风来压服压服他们才好，不然算不得对外圆满、对内统一。

只有叹气！

为了山东问题，我们国民除了口头上慷慨悲歌的[①]排斥日本以外，没有丝毫别种觉悟。就以排斥日本而论，只知道单纯而且不能实行的排斥日货，不从根本上振兴工艺着想，我对于这种狠[②]浅薄的思想和运动，又不忍反对他们，只有叹气罢了！

---

① 当时用法，今作“地”。

② 旧同“很”。

自家人不及外国人

政府对于山东问题，是何等软弱退让！对于南方的八条要求，是何等强硬拒绝！难道国家的利权尽可以让给外国，却断断不可让给自家吗？请问政府当局是什么肺肝？

一九一九，五，二六

冤哉《益世报》！

我们当初以为《益世报》被封，一定是因为反对日本和亲日派。那[①]知道警厅的布告，只说因为他[②]登了第五师胡龙舒等的通电。查此项电报，据张树元通电声明，是五月二十一日上海《新闻报》登出来的，就是二十三日本京的《京报》也和《益世报》同时登载。现在拿这个理由单独封禁《益世报》，未免有点冤枉罢[③]。

---

① 旧同“哪”。

② “五四”以前“他”兼指男性、女性以及一切事物。［见《现代汉语词典》（第7版）］

③ 旧同“吧”。

“本是同根生，相煎何太急！”

德意志是战败国，战败国的外交失败本是当然的事，然而他①们国民对于屈辱条约的示威运动非常激烈，他们政府未曾丝毫禁止。意大利和日本是战胜国，战胜国侵略别人地土的外交，就是失败也不算是屈辱。但是意大利和日本的国民还说是屈辱的外交，对于政府的示威运动也非常激烈，他们政府却也未曾丝毫禁止。我们索回青岛的外交，既不是因为打了败战，又不是去侵占别人的土地，政府为什么要禁止国民卫国的运动呢？我们现在忍不住要发出极悲惨可怜的声音，奉劝军警诸同胞道：“本是同根生，相煎何太急！”

---

① “五四”以前“他”兼指男性、女性以及一切事物。［见《现代汉语词典》（第7版）］本篇下文同。

同盟会与无政府党

从前清朝未倒的时候，官厅拿人，私人害人，不论青红皂白，都用“同盟会”三字做罪案。后来革命成功了，许多无耻的官僚侦探都设法加入“同盟会”，而且大摇大摆的[①]在众人面前冒充“老同盟会”。如今想倾陷人的又换了一种罪名做武器，叫做什么“无政府党”。请问中国那[②]里有许多无政府党呢？

① 当时用法，今作“地”。

② 旧同“哪”。

日本人那[1]有这种斗胆?

二十六日英文《华北明星报》登载，警察厅白处长告诉他们访员说：日本公使抗议不惩办学生，又诘问警厅何以警察对于学生不开枪射击。我当时便疑心是谣言，因为中国到底还不是朝鲜，北京不是汉城，日本人那有这种斗胆，敢说这种野蛮无人气的话。现在有了警厅的更正，日本的《顺天时报》也说并无何等事实，可见真是一种谣言了。哈哈!

① 旧同“哪”。本篇下文同。

日本参谋部与谢米诺夫

日本东京《日日新闻》登载本月十五日大连的特电：谢米诺夫的参谋傅醉布罗司基中佐将从日本前往巴黎，所带的重大公文和谢米诺夫同日本参谋本部的密码电报本在奉天被人偷去了。不知道日本的参谋本部为了什么事要和谢米诺夫秘密通电？

别得罪亲日派

日本汇业银行总理陆宗舆的辞职呈文，极力辩明他们不是亲日派，并说道："曹、陆媚日头衔，日人方面或恐未愿容许也。"但是本月十六日，东京《日日新闻》上说道："对中国的政策不干涉内政也好，但束手旁观的结果，眼看好容易造成的亲日派被人打杀，是怎么一回事？"由此可见他们真是亲日派了。并且他们现在虽是中国的官，却都有日本宪兵保护，是万万得罪不起的。得罪了他们，日本就要来干涉内政，所以徐总统、钱总理都不敢得罪他们。他们在外交上、武力上都有雄大的后援呵！

北京十大特色

有一位朋友新从欧洲回来，他说在北京见了各国所没有的十大特色：

（1）不是戒严时代，满街巡警背着枪威吓市民。

（2）一条狠[①]好新华街的马路，修到城根便止住了。

（3）汽车在狠狭的街上人丛里横冲直撞，巡警不加拦阻。

（4）高级军官不骑马，却坐着汽车飞跑，好像是开往前敌。

（5）十二三岁的小孩子，六十几岁的老头子，都上街拉车，警察不曾干涉。

（6）刮起风来灰尘满天，却只用人力洒水，不用水车。

（7）城里城外总算都是马路，独有往来的要道前门桥，还留着一段高低不平的石头路。

（8）分明说是公园，却要买门票才能进去。

（9）总统府门前不许通行，奉军司令部门前也不许通行。

（10）安定门外粪堆之臭，天下第一！

一九一九，六，一

---

① 旧同“很”。本篇下文同。

立宪政治与政党

立宪政治在十九世纪总算是个顶时髦的名词，在二十世纪的人看起来，这种敷衍不彻底的政制，无论在君主国、民主国，都不能够将人民的信仰、集会、言论出版三大自由权完全保住，不过做了一班政客先生们争夺政权的武器。现在人人都要觉悟起来，立宪政治和政党马上都要成历史上过去的名词了，我们从此不要迷信他[①]罢[②]。什么是政治？大家吃饭要紧。

① “五四”以前“他”兼指男性、女性以及一切事物。[见《现代汉语词典》（第7版）]

② 旧同“吧”。

六月三日的北京

民国八年六月三日，就是端午节的后一日，离学生的“五四”运动刚满一个月，政府里因为学生团又上街演说，下令派军警严拿多人。这时候陡打大雷刮大风，黑云遮天，灰尘满目，对面不见人，是何等阴惨暗淡！

吃饭问题

常言道：“天要下雨，娘要嫁人，无法将他[①]止住。”我看人要吃饭，也无法将他止住。各国都有许多雄纠纠虎狼似的军警，要立什么密约便立什么密约，要侵占人家土地便侵占人家土地，要怎样横蛮不说理便怎样横蛮不说理。独有人民要饭吃，却无法将他止住。无法止住，所以成了二十世纪劈头第一个大问题。

① “五四”以前“他”兼指男性、女性以及一切事物。[见《现代汉语词典》（第7版）]

爱情与痛苦

我的朋友胡适之在我的朋友张慰慈折扇上写了两句："爱情的代价是痛苦，爱情的方法是要忍得住痛苦。"我看不但爱情如此，爱国、爱公理也都如此。

护法总裁的名誉

北京喧传孙中山已投降军阀，唐少川也得了政府三十万元，岑春煊[①]、唐继尧纷纷派遣代表，各投门路。现在见了孙伯兰的声明，大家晓得孙中山投降的事完全是有人造谣撞骗。再看唐、岑三人[②]如何自保名誉。

① 原书作“岑春暄”，疑误。当作“岑春煊”。

② 指唐少川（唐绍仪）、岑春煊、唐继尧三人。

南北一致

这回外交问题，政府自有办法，全国的学生和上海的商民瞎热心，添了政府许多麻烦，惟有西南护法诸将帅，除唐继尧外都一言不发，颇与政府宣示外交命令所说“外交繁重，责任当局”“国人惟当持以镇静，勿事惊疑”的话相合，总算是好孩子，政府应当优待他们。

一九一九，六，八

研究室与监狱

世界文明发源地有二：一是科学研究室，一是监狱。我们青年要立志出了研究室就入监狱，出了监狱就入研究室，这才是人生最高尚优美的生活。从这两处发生的文明才是真文明，才是有生命、有价值的文明。

可怜大折其本

某俱乐部的机关报记者天天痛骂学生为人利用，想因此讨曹汝霖的好，那[1]晓得曹不睬他，他又买八十块大洋的花送曹，曹只赏他六十铜元，可怜大折其本！

① 旧同“哪”。

政学会与桂系

政学会系的军人发了军人不干政的通电，桂系的军人接着就恭恭敬敬打电给徐大总统、钱总理，单说“护国”，不提“护法”了。不知道他们内中闹的什么猴？

西南简直是反叛

西南各省原来竖了“护法”和“惩办罪魁”两面大旗出来号召的，现在这两面大旗都收起来了。我要请问他[①]们，当初为什么要举兵破坏统一？说得好一点是争权夺利，说得坏一点简直是反叛。

① “五四”以前“他”兼指男性、女性以及一切事物。[见《现代汉语词典》（第7版）]

丑学生丑教育界

各省教育无不腐败，杭州天气并不比广东热，何以各学校六月初就放暑假呢？像这样连腐败也说不上，只有一个字可以形容：“丑”！可见前此大闹省议会，难保不是官厅指使的，这种丑辈那[①]有自动的骨头！

一九一九，六，十五

① 旧同“哪”。

学术与国粹

学术何以可贵？曰：以牖吾德慧，厚吾生；文明之别于野蛮，人类之别于其他动物也，以此。学术为吾人类公有之利器，无古今中外之别，此学术之要旨也。必明乎此，始可与言学术。盲目[①]之国粹论者，不明此义也。吾人之于学术，只当论其是不是，不当论其古不古；只当论其粹不粹，不当论其国不国；以其无中外古今之别也。中国学术隆于晚周，差比欧罗巴古之希腊。所不同者，欧罗巴之学术，自希腊讫[②]今，日进不已，近数百年，百科朋兴，益非古人所能梦见；中国之学术，则自晚周而后，日就衰落耳。以保存国粹论，晚周以来之学术，披沙岂不可以得金？然今之欧罗巴，学术之隆，远迈往古；吾人直径取用，较之取法二千年前学术初兴之晚周、希腊，诚劳少而获多。犹之欲得金玉者，不必舍五都之市而远适迂道，披沙以求之也。况夫沙中之金，量少而不易识别；彼盲目之国粹论者，守缺抱残，往往国而不粹，以沙为金，岂不更可悯乎？

吾人尚论学术，必守三戒：一曰勿尊圣。尊圣者以为群言必折中于圣人。而圣人岂耶教所谓全知全能之上帝乎？二曰勿尊古。尊古者以为不师古则卑无足取。岂知古人亦无所师乎？犯此二戒，则学术将无进步之可言。三曰勿尊国。尊国者以为“鄙弃国闻，外励进民德之道”（用《重组中国学报缘起》之语）。夫尊习国闻，曾足以励进民德乎？国闻以外，皆不足以励进民德乎？吾以为此种国粹论，以之励进民德而不足，杜塞民智

---

① 原书为“同”，似为“目”之误，参见本篇下文“彼盲目之国粹论者”。

② 今作“迄”。

而有余。（古人以尊国尊圣故，排斥佛教，致印度要典多未输入中国，岂非憾事？奈何复以此狭隘之眼光蔑视欧学哉！）

国粹论者有三派：第一派以为欧洲夷学不及中国圣人之道；此派人最昏聩，不可以理喻。第二派以为欧学诚美矣，吾中国固有之学术首当尊习，不必舍己而从人也。不知中国学术差足观者，惟文史、美术而已；此为各国私有之学术，非人类公有之文明。即此亦必取长于欧化，以史不明进化之因果，文不合语言之自然，音乐、绘画、雕刻皆极简单也，其他益智厚生之各种学术，欧洲人之进步一日千里，吾人捷足追之犹恐不及，奈何自画？第三派以为欧人之学，吾中国皆有之。《格致古微》时代之老维新党无论矣；即今之闻人、大学教授，亦每喜以经传比附科学，图博其学贯中西之虚誉。此种人即著书满家，亦与世界学术无所增益，反不若抱残守缺之国粹家，使中国私有之文史及伦理学说，在世界学术史上得存其相当之价值也。例如今之妄人，往往举《大学》“生众、食寡、为疾、用舒”之说，以为孔门经济学；不知近世经济学说，“分配论”居重大之部分，《大学》未尝及之；即“生产论”及“消费论”中，赀其劳力与时间问题，原则纷繁，又岂“生众、食寡、为疾、用舒”之简单理论所能包括？不但不能包括，且为“生产过剩”之原则所不容。倘执此以为经济学，何异据《难经》以言解剖，据《内经》以言病理，据《墨经》以言理化，据《毛诗》《楚词》[1] 以言动植物学哉？

---

① 今作《楚辞》。

国会

世人攻击国会议员最大之罪状有二：一曰捣乱，一曰无用。所谓捣乱者，大约以其时与政府冲突，或自相冲突；所谓无用者，大约以其未尝建立利国福民之事业。为此言者，盖不知国会之为何物也。国会唯一之责任与作用无他，即代表国民监督行政部之非法行动耳；此外固无事业可为，安得以有用无用评判之耶？吾国会时与政府捣乱者，正以实行监督政府之非法行动，若大借款，若外蒙、俄约，若宋案，若伪公民团围攻议院事件，此之谓尽职，此之谓有用。其或自相冲突，亦因发挥民主政治之精神，与政府与党相扰战耳，此得谓之无用耶？国人须知国会之用处正在捣乱。若夫不捣乱之参政院及今之参议院，斯真无用矣。

元曲

上海某日报曾著论攻击北京大学设立“元曲”科目，以为大学应研求精深有用之学，而北京大学乃竟设科延师，教授戏曲；且谓“元曲”为亡国之音。不知欧、美、日本各大学，莫不有戏曲科目。若谓“元曲”为亡国之音，则周秦诸子、汉唐诗文无一有研究之价值矣。至若印度、希腊、拉丁文学，更为亡国之音无疑矣。此次北方发生之 pest，西医曾以科学实验之法收养此种细菌，证明其喜寒而畏热，乃无识汉医，玄想以为北方热症，且推原于火坑[①]、煤炉之故，不信有细菌传染之说，妄立方剂；而北京各日报往往传载此种妖言，殊可骇怪！国人最大缺点在无常识，新闻记者乃国民之导师，亦竟无常识至此，悲夫！

一九一八，四，十五

① 今作“火炕”。

韩世昌

社会之文野，国势之兴衰，以国民识字者之多寡别之，此世界之通论也。吾国人识字者之少，万国国民中，实罕其俦。不但此也，此时北京鼎鼎大名之昆曲名角韩世昌竟至一字不识，又何怪目不识丁之行政长官盈天下也！——更何怪不识字之国民遍国中也！

自由、正义与和平

德意志以军国主义为厉世界，吾人之所恶也，列国讨之，亦以尊重自由、正义与和平，不得不掊此军国主义之怪物。独不可解者，北京、东京两政府，方极力模仿普鲁士以军阀势力耀武于国中，奈何亦自标扶持自由、正义与和平之旗帜而对德宣战耶？毋怪德人齿冷！

科学与神圣

宇宙间物质的生存与活动以外，世人多信有神灵为之主宰，此宗教之所以成立至今不坏也。然据天文学家之研究，诸星之相毁、相成、相维、相拒，皆有一定之因果法则。据地质学家之研究，地球之成立、发达，其次第井然，悉可以科学法则说明之。据生物学者、人类学者、解剖学者之研究，一切动物，由最下级单细胞动物，以至最高级有脑神经之人类，其间进化之迹，历历可考，各级身体组织繁简不同，势力便因之而异。此森罗万象中果有神灵为之主宰，则成毁任意，何故迟之日久，一无逃于科学的法则耶？有神论者其有以语我！

学术独立

中国学术不发达之最大原因，莫如学者自身不知学术独立之神圣。譬如文学自有其独立之价值也，而文学家自身不承认之，必欲攀附“六经”，妄称“文以载道”“代圣贤立言”，以自贬抑。史学亦自有其独立之价值也，而史学家自身不承认之，必欲攀附《春秋》，着眼大义名分，甘以史学为伦理学之附属品。音乐亦自有其独立之价值也，而音乐家自身不承认之，必欲攀附圣功王道，甘以音乐学为政治学之附属品。医药、拳技亦自有独立之价值也，而医家、拳术家自身不承认之，必欲攀附道术，如何养神，如何练气，方“与天地鬼神合德”，方称“艺而近于道”。学者不自尊其所学，欲其发达，岂可得乎？

阴阳家

吾人不满于儒家者，以其分别男女尊卑过甚，不合于现代社会之生活也。然其说尚平实近乎情理。其教忠，教孝，教从，倘系施者自动的行为，在今世虽非善制，亦非恶行。故吾人最近之感想，古说最为害于中国者，非儒家，乃阴阳家也（儒家公羊一派，亦阴阳家之假托也）；一变而为海上方士，再变而为东汉、北魏之道士，今之风水、算命、卜卦、画符、念咒、扶乩、炼丹、运气、望气、求雨、祈晴、迎神、说鬼，种种邪僻之事，横行国中，实学不兴，民智日僿①，皆此一系学说之为害也。去邪说，正人心，必自此始。

一九一八，七，十五

① 原文如此。依文义，“僿”字疑有误。

圣言与学术

印度因明学家言，尽论辨[1]之则，统依三量：一曰自心现量，一曰比较量，一曰圣教量。夫现量乃玄妙难言之境，以之立正破邪，将何以喻众？比量乃取众象以求通则，远西归纳论理之术、科学实证之法是其类也。圣教量者，乃取前代圣贤之言，以为是非之标准也。圣贤之智慧，固加乎并世之常人；能谓其所言无一不周万类而无遗，历百世而不易，有是理乎？倘曰未能，则取其言以为演绎论法之前提，保无断论之陷于巨谬乎？吾国历代论家多重圣言而轻比量，学术不进，此亦一大原因也。今欲学术兴，真理明，归纳论理之术，科学实证之法，其必代圣教而兴欤。

① 今作“论辩”。

基督教与迷信鬼神

吾友某君与余言：吾辈虽不赞成基督教，然吾国人若信基督教，岂不愈于迷信鬼神、崇拜动物乎？一日，余以此语李石曾先生。李先生则云："宁任其迷信鬼神、崇拜动物，勿希望其信基督教，因鬼神、动物之迷信，较基督教之迷信，浅薄而易解悟也。中国人种种邪说、迷信固极可笑，然当以科学真理扫荡之，不当以基督教之迷信代替之。"斯言也，吾无以难之。

社会裁制力

世间事物皆有善恶两面，社会裁制力亦然。易卜生所攻击者，乃社会裁制力之恶面；若彼贪鄙无耻辈，亦恒为社会所不容，此其善面也。吾中华之社会裁制力则只有恶面而无善面，故特立独行之士罕若凤毛，贪鄙无耻之人盈天下也。中国社会之不及欧西也以此。

伪善的基督教国民

《兴华杂志》第三十一册录载《美以美会韦会督关于时局之伟论》一文，并附以感言，余读之不得不愤恨基督教国民之伪言欺世也。当吾国与德意志决裂之初，余以正义故，以自由故，以反对武力专制故，固与汪精卫、蔡孑民、张溥泉、王亮畴、王儒堂诸先生热心赞成与德宣战，不惜与吾友马君武、徐季龙诸先生立于反对之地位。君武先生且以余在本志（《新青年》）宣布赞成绝德之论文，怒而取消其投稿之约；当时颇以君武为迂怪。及今思之，殊自惭悔也。据《兴华》记者之言，曾热心从事反对对德宣战之运动，使当时与余相见，必有剧烈之争论；今日对于《兴华》记者之言，不得不洒同情之泪矣。余责韦会督之言为伪言欺世。《兴华》记者即或以为过激，然亦必未绝对不表同情也。彼信奉基督教之协约国，动以尊重自由、人道，反对德意志之武力专制为旗帜——“韦会督有言曰：‘为世界自由而战。’德国激起此次大战争，毁坏人类自由，强制他国服从其命令，狂暴无理，自私自利，以致行不顾言，不履行所订条约，不守人类公共法则，蹂躏妇女，虐待残杀无助之孩童，惨杀非战斗无辜之人民，只求得胜，无恶不为；如此之国，是为妖孽。”——却直接、间接扶助德意志式之妖孽横行远东；吾力争自由、正义者伏地呻吟可怜之声，尔伪善之基督教国民，其亦闻之否耶？

信神与保存国粹

印度某妇人，孪生二子，其一则生而瞽目者也。妇病濒危，乃许愿于神，献以一子；其后病愈，果以一子弃置河中，饱鼍鱼之腹。由是妇人出入，辄抱其瞽目之子。他人见而异之曰：“何不以此瞽子献神乎?”妇人曰：“是乌可乎? 献神之物，为选精良佳品，况一子乎?”（录《兴华杂志》第三十一册，第十六页。）印度人信神之愚如此。德国普鲁克陀尔福女士，初欲皈依佛教以安心立命，见印度之一喇嘛僧，问改宗佛教之可否。喇嘛僧正襟言曰：“女士莫如学基督教。宗教如言语，弃国语者妄，弃己国之宗教者亦妄。”（见第十五卷第六号《东方杂志》译载之《中西文明之评判》文中。）呜呼！此喇嘛僧可为保存国粹大家也矣。诚如其言，则一民族之思想，永应恪守生民之典型，绝无革新之理，此印度人笃旧之念至深，而其国所以日益削弱也。

一九一八，八，十五

“笼统”与“以耳代目”

头脑不清的人评论事，每每好犯“笼统”和“以耳代目”两样毛病。这两样毛病的根原[①]，用新术语说起来，就是缺乏“实验观念”；用陈语说起来，就是“不求甚解”。这种不求甚解的脾气，和我们中国人思想、学术不发达的关系狠[②]大，详细说起来，不但太长，而且要惹出许多无谓的是非和可笑的辨[③]论。现在且举一个极浅显的例：

几十年前，毫无教育、脑筋极简单的蠢男女，对于一切学堂都叫做武备学堂，一切报纸都叫做《申报》，一切新派的人都叫做吃洋教的，像这样不求甚解，像这样“笼统”，这样“以耳代目”，你说可笑不可笑！

我真想不到现在北京竟有一班士大夫攻击蔡孑民先生，说他是耶稣教徒，又有一班留美学生攻击胡适之先生，也说他是一个耶稣教徒。蔡、胡两先生是不是耶稣教徒，他们曾在本志（《新青年》）发表的文章可以证明。硬相信他们是耶稣教徒，未免犯了“以耳代目”的毛病；即令他们的确是耶稣教徒，也不算什么错处，拿这个来做攻击的材料，未免犯了“笼统”的毛病。

我并不是替蔡、胡二人辨护，他们也用不着我辨护，我所伤感的是中国现在的士大夫、留学生，还是和几十年前毫无教育、脑筋极简单的蠢男女一样！

---

① 今作“根源”。

② 旧同“很”。

③ 今作“辩”。本篇下文同。

法律与言论自由

法律是为保守现在的文明，言论自由是为创造将来的文明；现在的文明、现在的法律，也都是从前的言论自由对于他[①]同时的法律文明批评反抗创造出来的；言论自由是父母，法律文明是儿子，历代相传，好像祖孙、父子一样。最奇怪的是旧言论自由造成了现在的法律文明，每每不喜欢想创造将来法律文明的新言论自由出现。好像一个儿子，他从前并不孝顺父母，到了他做父母的时候，他的儿子稍有点意思不和他一样，他便要办他儿子忤逆不孝的罪，认真严办起来，岂不要断绝后代！

世界上有一种政府，自己不守法律，还要压迫人民并不违背法律的言论，我们现在不去论他，我们要记住的正是政府一方面自己应该遵守法律，一方面不但要尊重人民法律以内的言论自由，并且不宜压迫人民“法律以外的言论自由”。法律只应拘束人民的行为，不应拘束人民的言论，因为言论要有逾越现行法律以外的绝对自由，才能够发见现在文明的弊端、现在法律的缺点。言论自由若要受法律的限制，那便不自由了；言论若是不自由，言论若是没有“违背法律的自由”，那便只能保守现在的文明、现在的法律，决不能够创造比现在更好的文明、比现在更好的法律。像这种保守、停滞的国家社会，不但自己不能独立创造文明，就是跟着别人的文明一同进步，也不容易。

一九一九，十二，一

---

① “五四”以前“他”兼指男性、女性以及一切事物。［见《现代汉语词典》（第7版）］本篇下文同。

过激派与世界和平

俄国 Lenin 一派的 Bolsheviki 的由来，乃是从前俄国的社会民主党在瑞典都城 Stockholm 开秘密会议的时候，因为要不要和 Bourgeoisie（工商社会）谋妥协的问题，党中分为两派，Lenin 一班人不主张妥协的竟占了多数，因此叫做 Bolsheviki，英文叫做 Major group（多数派），乃是对于少数派（英文叫做 Lesser group）Mensheviki 的名称，并非是什么过激不过激的意思。日本人硬叫 Bolsheviki 做过激派，和各国的政府、资本家痛恨他[①]，都是说他扰乱世界和平。Bolsheviki 是不是扰乱世界和平，暂且不去论他；痛恨 Bolsheviki 的各强国，天天在那里侵略弱小国的土地利权，是不是扰乱世界和平，我们暂且也不去论他。那第一叫我们觉悟、叫我们注意的，有两件事：

（一）反对 Bolsheviki 的渥木斯克政府，居然无理拿大炮来打我们的军舰，又拿中、俄、蒙条约来抗议蒙古取消自治。

（二）反对李普克内希所创斯巴达苦司党——他们的主张和 Bolsheviki 相同，都是马克司[②]派，都想建设劳农政府——的德国的现政府，又在那里鼓吹德意志帝国主义，又在那里讨论扩充海军预算等。

扰乱世界和平自然是极大的罪恶，Bolsheviki 是不是扰乱世界和平，全靠事实证明，用不着我们辨护[③]或攻击；我们冷眼旁观的，恐怕正是反

---

① “五四”以前“他”兼指男性、女性以及一切事物。［见《现代汉语词典》（第7版）］本篇下文同。

② 今译“马克思”。

③ 今作“辩护”。

对 Bolsheviki 的先生们出来扰乱世界和平！换一方面说，Bolshevikism 的内容，和他们如果得志思想上有无变迁，能不能叫世界和平，固然没有人能够断定；但是现在反对他们的人，还仍旧抱着军国侵略主义，去不掉个人的、一阶级的、一国家的利己思想（日本压迫朝鲜，想强占青岛的土地和山东的经济利权，就是一个显例），如何能够造成世界和平呢？

调和论与旧道德

现在社会上有两种狠[①]流行而不祥的论调，也可以说是社会的弱点：一是不比较新的和旧的实质上的是非，只管空说太新也不好，太旧也不好，总要新旧调和才好；见识稍高的人，又说没有新旧截然分离的境界，只有新旧调和递变的境界，因此要把“新旧调和论”号召天下。一是说物质的科学是新的好、西洋的好，道德是旧的好、中国固有的好。这两层意见，和我们新文化运动及思想改造上狠有关系，我们应当有详细的讨论，现在姑且简单说几句。

新旧因调和而递变，无显明的界线可以截然分离，这是思想文化史上的自然现象，不是思想文化本身上新旧比较的实质。这种现象是文化史上不幸的现象，是人类惰性的作用。这种现象不但在时间上不能截然分离，即在空间上也实际同时存在：同一人数中，各民族思想文化的新旧不能用时代划分；同一民族中，各社会各分子思想文化的新旧，也不能用时代划分。这等万有不齐、新旧杂糅的社会现象，乃是因为人类社会中惰性较深的劣等分子不能和优级民族、优级分子同时革新进化的缘故。我们抱着改良社会志愿的人固然可以据进化史上不幸的事实，叙述他[②]悲悯他实在是如此，不忍心幸灾乐祸、得意扬扬的[③]主张他应该如此。譬如人类本能上，

① 旧同“很”。原书本篇“很”字用法不统一，或用“很”，或用“狠”，为保持原书风貌，均从原书。

② “五四”以前“他”兼指男性、女性以及一切事物。[见《现代汉语词典》（第7版）] 本篇下文同。

③ 当时用法，今作“地”。

有侵略、独占、利己、忌妒、争杀、虚伪、欺诈等等恶德，也没有人能不承认是实在如此。然断乎没有人肯主张应该如此。惰性也是人类本能上一种恶德，是人类文明进化上一种障碍，新旧杂糅、调和缓进的现象，正是这种恶德、这种障碍造成的。所以新旧调和只可说是由人类惰性上自然发生的一种不幸的现象，不可说是社会进化上一种应该如此的道理；若是助纣为虐，把他当做指导社会应该如此的一种主义主张，那便误尽苍生了。譬如货物买卖，讨价十元，还价三元，最后的结果是五元，讨价若是五元，最后的结果不过二元五角：社会进化上的惰性作用也是如此。改新的主张十分，社会惰性当初只能够承认三分，最后自然的结果是五分；若是照调和论者的意见，自始就主张五分，最后自然的结果只有二分五，如此社会进化上所受二分五的损失，岂不是调和论的罪恶吗？所以调和论只能看做客观的自然现象，不能当做主观的故意主张。

再说到道德问题。这是人类进化上重要的一件事。现在人类社会种种不幸的现象，大半因为道德不进步，这是一种普通的现象，却不限于西洋、东洋。近几百年，西洋物质的科学进步狠快，而道德的进步却跟他不上；这不是因为西洋人只重科学不重道德，乃因为道德是人类本能和情感上的作用，不能像知识那样容易进步。根于人类本能上光明方面的相爱、互助、同情心、利他心、公共心等道德不容易发达，乃是因为受了本能上黑暗方面的虚伪、忌妒、侵夺、争杀、独占心、利己心、私有心等不道德难以减少的牵制：这是人类普通的现象，各民族都是一样，却不限于东洋、西洋。

我们希望道德革新，正是因为中国和西洋的旧道德观念都不彻底，不但不彻底，而且有助长人类本能上不道德的黑暗方面的部分；所以东西洋自古到今的历史，每页都写满了社会上、政治上悲惨不安的状态。我们不懂得旧道德的功效在那[①]里；我们主张的新道德，正是要彻底发达人类本

① 旧同“哪”。本篇下文同。

能上光明方面，彻底消灭本能上黑暗方面，来救济全社会悲惨不安的状态，旧道德是我们不能满足的了。所以若说道德是旧的好，是中国固有的好，简直是梦话。

旧的中国固有的道德是什么，好处在那里？“勤俭”二字用在道德的行为上，自然是新旧道德都有的，不算旧道德的特色；若是用在不道德的行为上，像那刻薄成家的守财奴，勤俭都是他做恶的工具，如何算是道德的标准呢？忠、孝、贞节三样，却是中国固有的旧道德，中国的礼教（祭祀教孝，男女防闲，是礼教的大精神）、纲常、风俗、政治、法律，都是从这三样道德演绎出来的；中国人的虚伪（丧礼最甚），利己，缺乏公共心、平等观，就是这三样旧道德助长成功的；中国人分裂的生活（男女最甚）、偏枯的现象（君对于臣的绝对权，政府官吏对于人民的绝对权，父母对于子女的绝对权，夫对于妻、男对于女的绝对权，主人对于奴婢的绝对权），一方无理压制、一方盲目服从的社会，也都是这三样道德教训出来的；中国历史上、现社会上种种悲惨不安的状态，也都是这三样道德在那里作怪。

章行严先生说：“中国人之思想，动欲为圣贤，为王者，为天吏，作君，作师，不肯自降其身，仅求为社会之一分子，尽我一分子之义务，与其余分子同心戮力，共齐其家，共治其国，共平天下。”这种偏枯专制、没有人己平等的思想，也正是旧道德造成的。这种道德就是达到他“人人亲其亲长其长”的理想，也只是分裂的生活、利己的社会，去那富于同情心、利他心，相爱互助、全社会公同[①]生活的理想，还远的[②]很，所以我们对于中国固有的旧道德，不能满足。

西洋的男子游惰好利，女人奢侈卖淫，战争、罢工种种悲惨不安的事，那一样不是私有制度之下的旧道德造成的？现在他们前途的光明，正

---

① 今作“共同”。

② 旧同“得”。

在要抛弃私有制度之下的一个人、一阶级、一国家利己主义的旧道德，开发那公有、互助，富于同情心、利他心的新道德，才可望将战争、罢工、好利、卖淫等等悲惨不安的事止住；倘若他们主张物质上应当开新，道德上应当复旧，岂不是“抱薪救火，扬汤止沸”！

留学生

日本历史上，有两次派遣留学生的事：一次是古代派到中国，一次是现代派到西洋。这两次的留学生，在日本文化史上都有重大的位置，简直可以说日本全部文化史都是这两次留学生造成的。我们中国派遣学生出洋的时间、人数都不算很少，东洋留学生和中国文化史未必有什么关系，和中国卖国史却是关系很深了。西洋留学生除马眉叔、严几道、王亮畴、章行严、胡适之几个人以外，和中国文化史又有什么关系呢？这班留学生对于近来的新文化运动，他们的成绩恐怕还要在国内大学学生、中学学生的底下。（至于那反对新文化的老少留学生，自然又当别论。）这是什么缘故？各部里每月用几百张纸钱，可怜裹住了多少英雄！我奉劝已回国未回国的留学生诸君，别抛弃你自己在中国文化史上的位置！

段派，曹、陆，安福俱乐部

那[1]个军人不横暴不抢钱？那个官僚不卖国肥家？那个政客不结党营私？我们从前专门骂段派，骂曹、陆，骂安福俱乐部，以为中国人要算这班分子最坏，中国必断送在他们手里；以为别的军人、别的官僚、别的政客总要比他们好些：其实这种观察是一偏之见，大错而特错。

南京、武昌、广州也都禁止国民爱国运动，拘捕学生，打伤学生，比北京还要利害；广州的护法军人居然赶跑了议员，打毁了报馆，枪毙了主笔；北海的鱼都飞了，佛也跑了；河间府的田地现在也买不着了；南昌的商会叫苦连天；全国督军的荷包都满了；吴佩孚一旦做了湖南督军，假面就会揭穿。我们为什么专门反对段派呢？

中国实业公司是些什么人主持，在那里内外勾结、大卖而特卖呢？北京的中交票是何人弄到这步田地，现在还设法阻碍他[2]兑现呢？“新华储蓄”的功德是谁做的呢？各条铁路是那一系的人把持舞弊弄到这步田地呢？北京□□胡同新造的大洋房，这钱是从那里来的？军事协定究竟有没有得过日本贿赂的人？[3] 北方官场中能找得出几个像董康那样干净的人呢？南方官场中能找得出几个像伍廷芳那样干净的人呢？我们为什么专门反对曹、陆？

上海某某制药公司是那些人帮他运动注册的？第一次北方议和代表用

---

① 旧同“哪”。本篇下文同。

② “五四”以前“他”兼指男性、女性以及一切事物。［见《现代汉语词典》（第7版）］本篇下文同。

③ 原文如此。

的八十万，南方[1]代表都毫无沾染吗？倪嗣冲盐斤加价的事，安徽人无不痛心切齿，偏偏有个进步党的首领说是义举。新思潮的运动已经很受压迫了，现在又加上一个国民党的要人大骂无产社会，说是“将来之隐患”“大乱之道”。广东财政厅、盐运使、关税余款、西南银行的问题，闹得鸭屎臭；北京固然是一派人的家天下，广州也是政学会的家天下；军人反对旧国会的军政府改组案，不是他们指使的吗？他们上海的机关报现在开始攻击新文化运动了。我们为什么专门反对安福俱乐部？

我并不是为段派，曹、陆，安福部辨护[2]，我只希望我们青年国民要有彻底的觉悟。所谓彻底的觉悟，并不是要来彻底的[3]攻击他们，是要一方面彻底的觉悟他们都不可靠，一方面彻底的觉悟只有我们自己可靠；不管他们怎样横暴贪污，只要我们自己万万不可再像他们那样横暴贪污；从自己个人起，要造成完全公正廉洁的人格，再由自己个人延长渐渐造成公正廉洁的社会；这公正廉洁的部分渐渐延长，那横暴贪污的部分自然就渐渐缩小；照这样办法，虽说过于迟缓，就怕比用特别大气力求急速改造社会的效果还大，还要实在。就是攻击他们，也不可偏责一方，因为他们通是一路的人，若是责甲恕乙，不但甲心不服，乙必暗笑这班书生容易欺骗。

一九一九，十二，一

---

① 原书似漏“方”字，今依文义补。

② 今作“辩护”。

③ 当时用法，今作“地”。本篇下文同。

《浙江新潮》—《少年》

《浙江新潮》是《双十》改组的。《少年》是北京高等师范附属中学“少年学会”出版的。《少年》的内容多半是讨论少年学生社会底[1]问题，狠[2]实在，有精神；《浙江新潮》的议论更彻底，《非孝》和攻击杭州四个报——《之江日报》、《全浙公报》、《浙江民报》和《杭州学生联合会周刊》——那两篇文章，天真烂漫，十分可爱，断断不是乡愿派的绅士说得出的。我读了这两个周刊，我有三个感想：

（1）我祷告我这班可爱可敬的小兄弟，就是报社封了，也要从别的方面发挥“少年”“浙江潮”的精神，永续和“穷困及黑暗”奋斗，万万不可中途挫折。

（2）中学生尚有这样奋发的精神，那班大学生，那班在欧、美、日本大学毕业的学生，对于这种少年能不羞愧吗？

（3）各省都有几个女学校，何以这班姊妹们都是死气沉沉！难道女子当真不及男子，永远应该站在被征服的地位吗？

---

① 旧同“的”。

② 旧同“很”。

新出版物

近来新出了许多杂志，并且十种里总有八九种是说“人”话的新杂志，不用说，中国社会上只有这件事是乐观；但是我对于这件事，更有数种进一步的感想：

（一）出版物是文化运动底[①]一端，不是文化运动底全体；出版物以外，我们急于要做的实在的事业狠[②]多，为什么大家都只走这一条路？若是在僻远的地方——云南、甘肃等处——发行杂志，到[③]也罢了；像北京、上海同时出了好些同样的杂志，人力上、财力上都太不经济了。

（二）我们的民族性是富于模仿力，缺少创造力，有了大舞台，便有新舞台，更有新新舞台，将来恐怕还有新新新舞台，还有新新新新无穷新……舞台出现。像这点小事，都只知道模仿，不知道创造！现在许多人都只喜欢办杂志，不向别的事业底方面发展，这也是缺少创造力底缘故。就以办杂志而论，也宜于办性质不同、读者方面不同的杂志，若是千篇一律，看杂志的同是那一班人，未免太重复了。

（三）凡是一种杂志，必须是一个人、一团体有一种主张不得不发表，才有发行底必要；若是没有一定的个人或团体负责任，东拉人做文章，西请人投稿，像这“百衲”杂志，实在是没有办的必要，不如拿这人力、财力办别的急于要办的事。

---

① 旧同“的”。本篇下文同。

② 旧同“很”。

③ 今作“倒”。

保守主义与侵略主义

我从前总觉得尊孔与复辟有必然的因果关系，现在又觉得保守主义与侵略主义也有必然的因果关系。

日本要侵略我们土地利权的是那军阀、财阀、外交官和保守主义的新闻记者，那进步主义的社会党人却都以为不应该侵略中国。进步主义的列宁政府宣言要帮助中国，保守主义的渥木斯克政府自己已经是朝不保夕了，还仍旧想侵略蒙古和黑龙江，他[①]若是强起来，岂不是第二个日本吗？现在保守主义的英、法政府仍旧在那里梦想侵略主义的、帝国主义的虚荣，而倾向社会主义的劳动家、学者却都宣言侵略主义不合人道。最近、最明白的一个例，就是意大利底[②]大政变。大政变底原由，是因为国会议员分为两派：一是保守派，主张侵略主义，主张兼并非麦；一是社会民主派，反对侵略主义，攻击段迪阿底行动。保守派底军队枪杀社会党员，劳动界便全体罢工，要求政府卸去保守派阿尔兰特兵队底武装。军阀、财阀们脑子里装满了弱肉强食的旧思想，所以总是主张侵略主义；社会党人脑子里装满了人道、互助、平等的新思想，所以反对侵略主义；这不是必然的因果吗？我们中国人对于日本人底侵略主义，没有不切齿痛恨的，但是我们究竟应该走那[③]一条路？

---

① “五四”以前“他”兼指男性、女性以及一切事物。[见《现代汉语词典》（第7版）]

② 旧同“的”。本篇下文同。

③ 旧同“哪”。

裁兵？发财？

裁兵自是人民最希望的事，但像政府现在的办法，实在令人失望得狠[①]：

（一）查八年度预算案，陆军费在二万万以上，裁兵二成，岁费应该减少四千万元，何以只能减二千万？

（二）八年度预算案及路、电、邮、航四政特别会计预算案，每年短少有三万万之多，只节省军费二千万，何济于事？

（三）各处军队底[②]空额何止二成，现在只裁二成，便是不裁一兵反可以得一笔裁兵费，岂不是无上妙计？

（四）公文上虽然裁去二成，倘再招警备队，每年节省的二千万是否改个名目，还要政府拿将出来？

（五）整顿丁漕、税契、一切杂捐，何以和裁兵做在一篇文章里面？是不是又要借裁兵来横敲人民底骨髓？

---

① 旧同“很”。

② 旧同“的”。本篇下文同。

学生界应该排斥底[①]日货

中国古代的学者和现代心地忠厚坦白的老百姓，都只有“世界”或“天下”底观念，不懂得什么国家不国家。如今只有一班半通不通、自命为新学家底人，开口一个国家，闭口一个爱国，这种浅薄的、自私的国家主义、爱国主义，乃是一班日本留学生贩来底劣货（这班留学生别的学问丝毫没有学得，只学得卖国和爱国两种主义）。现在学界排斥日货底声浪颇高，我们要晓得这宗精神上输入的日货为害更大，岂不是学生界应该排斥的吗？

有的人说：国家是一个较统一较完备的社会，国家是一个防止弱肉强食，调剂利害、感情冲突，保护生命、财产底最高社会。这都是日本教习讲义上底一片鬼话，是不合天理、人情底鬼话，我们断乎不可听这种恶魔底诱惑。全人类底吃饭、穿衣、能哭、能笑、做买卖、交朋友，本来都是一样，没有什么天然界限，就因为国家这个名儿，才把全人类互相亲善底心情上，挖了一道深沟，又砌上一层障壁，叫大家无故地猜忌起来，张爱张底国，李爱李底国，你爱过来，我爱过去，只爱得头破血流，杀人遍地。我看他[②]的成绩，对内只是一个挑拨利害感情、鼓吹弱肉强食、牺牲弱者生命财产、保护强者生命财产底总机关；对外只是一个挑拨利害感情、鼓吹弱肉强食、牺牲弱者生命财产、保护强者生命财产底分机关；我们只看见他杀人流血，未曾看见他做过一件合乎公理、正义底事。

---

① 旧同“的”。本篇下文同。

② “五四”以前“他”兼指男性、女性以及一切事物。[见《现代汉语词典》（第7版）] 本篇下文同。

这个名儿原来是近代——十九世纪后半期更甚——欧洲底军阀、财阀造出来欺人自肥底骗术。这种骗术传到日本，日本用他骗了许多人（日本底平民和朝鲜人、中国人都包含在内），中国留学日本底人现在又想从日本传到中国。其实大战以后，欧洲底明白人已经有了觉悟（参看《新青年》，七，三，《精神独立宣言》），想把这流血的陈年账簿烧去不用了；就是日本也有几个想烧流血账簿底明白人，武者小路先生就是其中底一个。中国人原来没有用这种账簿底习惯，现在想创立一本新的从第一页写起，怎么这样蠢笨！

但是我们对于眼前拿国家主义来侵略别人的日本，怎样处置他呢？我以为应该根据人道主义、爱公理主义，合全人类讲公理不讲强权底人（日本人也包含在内），来扑灭那一切讲强权不讲公理底人（日本人也包含在内），不要拿一国来反对那一国；若是根据国家主义、爱国主义来排斥日货，来要求朝鲜独立，未免带着几分人类分裂生活的彩色，还是思想不彻底。拿日人来排斥日货，在人类进化史上仍是黑暗的运动，不是光明的运动，我们学生界应当有深一层的觉悟，应当发展在爱国心以上底公共心。至于那连爱国心都没有底奸商、奸官，根据个人的私利主义贩卖日货，贩卖中国米出口给杀中国人底人吃，我不承认他们的见解和我一样。

一九二〇，一，一

阔处办

我看见多少青年，饮食起居、婚丧酬应都想着朝阔处办才有面子，他眼中底[1]朴素生活，大约是很寒酸可耻。

我回想从前有许多亲戚朋友，都因为喜欢朝阔处办，才破坏了家产，牺牲了气节，辱没了人格，造成了痛苦，我想起来，我浑身战栗！

现在的青年他们又想朝阔处办，然而没有钱。没有钱仍然想朝阔处办，所以身为大学生不得不投降安福部，不得不听安福部底命令拥护胡仁源，不得不利用胡仁源来分配他们自身的位置；现在失败了，大家看穿了，丑得不好意思和旧同学见面了。

阔处办！阔处办！过去已堕落的青年，现在方堕落的青年，都被你害得苦了。我盼望未堕落的青年，倘若这位先生叩门求见底时候，总要挡驾才好；现在你若见了他，将来你就不好意思见你的朋友了。

---

① 旧同“的”。本篇下文同。

青年体育问题

健全思想，健全身体，本是应该并重的事，现在青年不讲体育，自然是一大缺点。

听说杜威博士说奉天底[①]学生体魄好，不像南方和北京底学生都现出疲弱的样子，这是学生界应当警觉的一件大事。但是讲体育应有三戒：（一）兵式体操；（二）拳术；（三）比赛的剧烈运动。

这三件事在生理上都背了平均发达的原则（小学教育更不相宜），在心理上都助长恶思想。军国民教育的时代过去了，什么兵式的杀人思想，少输入点到青年底脑筋里罢[②]。庚子年“神拳”底当我们已经上够了，现在马师长底武艺我们也领教了，别再把孔夫子所不说的“怪力乱神”来“贼夫人之子”。比赛的剧烈运动于身体不但无益，而且有害，至于助长竞争心、忌妒心、虚荣心，更是他[③]的特色。

一九二〇，一，一

---

① 旧同“的”。本篇下文同。

② 旧同“吧”。

③ “五四”以前“他”兼指男性、女性以及一切事物。[见《现代汉语词典》（第7版）]

约法底[①]罪恶

从前旧人骂约法，现在新人也骂约法，这约法合该要倒运了。

旧人骂约法，是骂他[②]束缚政府太过；新人骂约法，是骂他束缚人民太过；但照事实上看起来，违法的违法，贪赃的贪赃，做皇帝的做皇帝，复辟的复辟，解散国会的解散国会，约法不曾把他们束缚得住，到[③]是人民底出版、集会自由，却被约法束缚得十分可怜。约法！约法！你岂不是一个有罪无功的厌物吗？

政府拿《治安警察条例》和《出版法》两种武器来束缚人民出版、集会底自由，许多人闭着眼睛[④]骂政府违法，其实政府何尝违法？约法里明明说："本章所载人民之权利，有认为增进公益，维持治安，或非常紧急必要时，得依法律限制之。"正因为约法对于人民底权利，原来有这样一手拿出、一手收回底办法，政府才订出许多限制的法律，把人民底出版、集会自由束缚得和钢铁锁链一般；这本是约法底罪恶，何尝是政府违法呢？这种约法护他做什么？我要请问护法的先生们，护法底价值在那[⑤]里？

---

① 旧同"的"。本篇下文同。

② "五四"以前"他"兼指男性、女性以及一切事物。［见《现代汉语词典》（第7版）］本篇下文同。

③ 今作"倒"。

④ 原文为"背着眼睛"，疑误。今依文义改为"闭着眼睛"。

⑤ 旧同"哪"。

男系制与遗产制

对于李超女士底[1]事件（见《新潮》二卷二号），我们可以看出社会制上两大缺点：一是男系制，一是遗产制。

远古乱婚或同姓为婚时代，曾经过女系制（或是母长制）及父母同长制，这是各国社会学者所同认的了。在他们渔猎为生、家族初成立底时候，社会上固不尽是男子掌权，家族以内更多半是母长制，这也是自然之理。后来农业发达，人口加增，土地所有权底观念一天深似一天，战争也就多起来了，那战胜的部落把掳来战败的男子为奴，女子为妻。[古代的掳妻（Capture-wife）自然不能和本族的自由妻平等，仿佛和后世的妾相似；后来妾底制度也是从掳妻变化出来的，所以汉文“妾”字从立从女，就是罪人底意思。]在社会学上这就叫做“掳妻”或“掠夺婚姻”。又有一种和平的方法，乃是用农产物或家畜交换，这就叫做“买卖婚姻”。因为这两种婚姻制度，女子在家族在社会底地位自然发生和以前不同底两种现象：一是女子不能和男子平等，一是女子变为个人的私有物。自从女子变为个人的私有物，所以女子底身体便不能归自己所有，在家归父所有，出嫁归夫所有，夫死归夫家或子所有；既是个人的所有物，便和别的动产不动产一般，所以他[2]的物主任意把他毁坏、赠送、买卖，都不发生什么道德的、法律的问题。在家从父，出嫁从夫，夫死从子，这是东方礼教国女教底“三从”大义，也就是男系制完全胜利底正式宣告，也就是女子终

① 旧同“的”。本篇下文同。

② “五四”以前“他”兼指男性、女性以及一切事物。[见《现代汉语词典》（第7版）]本篇下文同。

身为男子所有底详细说明、铁板注脚，不如此便不算孝女、良妻、贤母。只可惜中国人底三从主义、女子归男子所有主义还不及匈奴发达，匈奴父死，父底妻和别的财产都归儿子所有。这种从子大义，这种把女子也归在遗产以内一同承袭底制度，比中国人更做得淋漓尽致。

从前在女系制底下的子女只知有母，不知有父，那遗产自然是男女平分或是专归女子。到了女子专归那一个男子（女子底夫）私有以后，接着许多教主、圣人都说出一篇男尊女卑底大道理，女子底地位自然渐渐低将下去，自然由女系制变为男系制，由母长制及父母同长制变为完全父长制。同时父子关系也分明了，遗产也自然变为男子专有了。后来宗法观念和家长观念发达起来，长子、嫡子底地位又比次子、庶子加高，便发生了长子或嫡子承袭爵位底习惯，由这个习惯，一切没有爵位底平民也模仿他们，造成了长子一人承袭遗产底习惯。东洋各民族男系的血族观念格外发达，女子底地位也格外低，所以宁可以承继旁系的男子，嫡系的女子反没有承袭遗产底权利。

现在已经不是宗法社会，什么男系制、女系制都是过去的历史问题，不是现在的社会问题；除了几个贱丈夫，自然没有人明目张胆的[①]拿男系制来做道德、法律底标准。至于遗产制度，也应该随着社会底趋势有个应时的改革才好。有一班思想彻底的人，总觉得劳力所得以外，不会有许多正当的财产；就说凡是财产都算是劳力所得，都算是正当，那绝对不劳力的子孙也没有安坐而得遗产底道理；就勉强说不劳力的子孙所得遗产是他劳力的先人自由遗赠底权利，也断乎没有嫡系的女子不能承袭遗产，旁系的男子反来可以独霸底道理。这是什么道理？什么法律？我想了三日三夜，也想不出头绪来。

李女士底承继的哥哥固然是残忍没有“人”的心，但是我以为不能全怪他，我对于社会制度要发两个疑问：

---

① 当时用法，今作“地”。

（一）倘若废止遗产制度，除应留嫡系子女成年内教养费以外，所有遗产都归公有，那么李女士是否至于受经济的压迫而死？

（二）倘若不用男系制做法律、习惯底标准，李女士当然可以承袭遗产，那么是否至于受经济的压迫而死？

李女士之死，我们可以说：不是个人问题，是社会问题，是社会底重大问题。

解放

我们中国人不注重实质上实际的运动，专喜欢在名词上打笔墨官司，这都是迷信名词万能底[①]缘故。

现在大家对于“妇女解放”这个名词也是这样。有人方才主张妇女解放，实际上还没有一点事做出来；又有人并不反对“妇女解放”这个事实，却反对“妇女解放”这个名词，说解放不是自动，辱没了妇女底人格，惹得大家怀疑，慢说实际运动，连口头上也几乎不好说了，这是图什么！

解放就是压制底反面，也就是自由底别名；近代历史完全是解放底历史，人民对君主、贵族，奴隶对于主人，劳动者对于资本家，女子对于男子，新思想对于旧思想，新宗教对于旧宗教，一方面还正在压制，一方面要求自由，要求解放，事实本来是这样，何必要说得好听；男子也是如此，并非专门辱没妇女。况且解放重在自动，不只是被动的意思，个人主观上有了觉悟，自己从种种束缚的不正当的思想、习惯、迷信中解放出来，不受束缚，不甘压制，要求客观上的解放，才能收解放底圆满效果。自动的解放，正是解放底第一义。

我们生在这解放时代，大家只有努力在实际的解放运动上做工夫，不要多在名词上说空话！名词好听不好听、彻底不彻底，没有什么多大关系。在思想转变底时候，道理真实的名词固然可以做群众运动底公同[②]指

① 旧同“的”。本篇下文同。

② 今作“共同”。

针，但若是离开实际运动，口头上的名词无论说得如何好听、如何彻底，试问有什么用处？

我们迷信名词万能，还是八股底余毒。名词若果万能，“共和”这个名词自然比“专制”“君主立宪”都好听得多、彻底得多，可是中国现在总算有了“共和”这个名词了，实质上实际的效果怎么样？所以我们要觉悟：

（一）我们所需要的是理想底实质，不是理想底空名词。

（二）我们若要得到理想底实质，必须从实际的事业上一步一步的[①]开步走，一件一件的创造出来；不要睡在空名词圈里，学那变戏法的，把名词当作一种符咒，只是口中念念有词，就梦想他[②]、等候他总有一天从空中落下，实现在我们的眼前。空名词固然没有价值，就是他所代表底实质，也只有他本身相当的价值，没有像“万应丸”百病包治的价值；我们被那些“先王之法”“圣人之道”等包含一切金科玉律的空泛名词遗误已久，此后不可再误了。

一九二〇，一，一

---

① 当时用法，今作“地”。本篇下文同。

② “五四”以前“他”兼指男性、女性以及一切事物。［见《现代汉语词典》（第7版）］本篇下文同。

虚无主义

中国底[①]思想界，可以说是世界虚无主义底集中地。因为印度只有佛教的空观，没有中国老子的无为思想和俄国的虚无主义；欧洲虽有俄国的虚无主义和德国的形而上的哲学，佛教的空观和老子学说却不甚发达；在中国，这四种都完全了，而且在青年思想界有日渐发达的趋势。可怜许多思想幼稚的青年，以为非到一切否定的虚无主义，不能算最高尚、最彻底。我恐怕太高尚了要倒下来，太彻底了要漏下去呵！我以为信仰虚无主义的人，不出两种结果：一是性格高尚的人出于发狂、自杀，一是性格卑劣的人出于堕落。一切都否定了，不自杀还做什么？一切都否定了，自己的实际生活却不能否定，所以他们眼里的一切堕落行为都不算什么，因为一切都是虚无。我敢说虚无思想是中国多年的病根，是现时思想界的危机。我盼望笃行好学的青年，要觉悟到自己的实际生活既然不能否定，别的一切事物也都不能否定；对于社会上一切黑暗、罪恶，只有改造、奋斗，单单否定他[②]是无济于事，因为单是否定他，仍不能取消他实际的存在。

---

① 旧同“的”。本篇下文同。

② “五四”以前“他”兼指男性、女性以及一切事物。[见《现代汉语词典》（第7版）] 本篇下文同。

俄国精神

黄任之先生说：中国人现在所需要的，是将俄国精神、德国科学、美国资本这三样集中起来。我以为我们倘能将俄国精神和德国科学合而为一，就用不着美国资本了，但是中国人此时所最恐怖的是俄国精神，所最冷淡的是德国科学，所最欢迎的只有美国资本！

男女同校与议员

男女同校本来是一件很平常的事，在理论上简直用不着讨论。上海大同学院是首先实行的了；北京大学收容女生，就是腐败的教育部也居然许可了；现在南京高等师范也打算收女生（听说“苏社”底[①]首领狠[②]反对这件事，南京底教职员因此有点迟疑；我劝南京教职员勿为谣言所惑，因为“苏社”诸君总不至像安福部那样横霸）；可见男女同校在中国也已经成了事实了。但是广东、浙江、江苏什么省议会，都提出什么禁止男女同校的议案。哼！议员议员！尔等恶也做够了，人民厌恶尔等也到了极点，何必又闹笑话！

---

① 旧同“的”。本篇下文同。

② 旧同“很”。

上海社会

上海社会分析起来，一大部分是困苦卖力毫无知识的劳动者，一部分是直接或间接在外国资本势力底下讨生活的奸商，一部分是卖伪造的西洋药品、卖发财票的诈欺取财者，一部分是淫业妇人，一部分是无恶不作的流氓、包打听、拆白党，一部分是做红男绿女小说、做种种宝鉴秘诀、做冒牌新杂志骗钱的黑幕文人和书贾，一部分是流氓政客，青年有志的学生只居一小部分——处在这种环境里，仅仅有自保的力量，还没有征服环境的量力①。

像上海这种龌龊社会，居然算是全中国舆论底②中心，或者更有一班妄人说是文化底中心。上海社会若不用猛力来改造一下，当真拿他③做舆论和文化底中心，那末中国底舆论和文化可真糟透了；因为此时的上海社会充满了无知识利用奸诈欺骗的分子，无论什么好事，一到了上海，便有一班冒牌骗钱的东西出来鬼混。

流氓式的政客，政客式的商会、工会底利用手段更是可厌，我因此联想到国民大会如果开得成，总以不在上海开会为宜。

---

① 原文如此，似应为“力量”。参见上句“仅仅有自保的力量”。

② 旧同“的”。本篇下文同。

③ “五四”以前“他”兼指男性、女性以及一切事物。［见《现代汉语词典》（第7版）］

比较上更实际的效果

“不劳而获”自然是不好的观念，劳而不获也不是正当办法，最好是用劳力去求那比较上更实际的效果。例如：与其提倡废姓，不如提倡名号统一；与其提倡女子剪发，不如提倡女子放足及解放胸部底[①]束缚；与其邀集朋友办杂志，不如邀集朋友设读书会；与其高谈无政府主义、社会主义，不如去做劳动者教育和解放底实际运动；与其空谈女子解放，不如切切实实谋女子底教育和职业。

一九二〇，九，一

① 旧同“的”。本篇下文同。

再论上海社会

从前做黑幕一类的小说，不用说是为了金钱主义；世界上弄钱的法子很多，做这种小说来弄钱已经是有点黑心了。现在因为黑幕的生意不大好，摇身一变来做新思潮的杂志骗钱，外面挂着新文化的招牌，里面还是卖黑幕一类的货。上海骗钱的法子很多，拿这种法子来骗钱来糟蹋新文化，更加是黑心到了极点了。

从前贪官、奸商合起来运米出洋，不用说是为了金钱主义；世界上弄钱的法子很多，运米出洋好叫自己发财，穷人吃贵米，已经是有点黑心了。现在因为贩米出洋受人唾骂，换一个法子来办平粜局，就由这平粜局运米出洋（详见八月二十六日上海《时事新报》本埠时事栏）。上海骗钱的法子很多，拿这种法子来骗钱，来造成米荒，更加是黑心到了极点了。

你们提倡新文化反对黑幕，我就挂起新文化招牌来卖黑幕；你们提倡办平粜反对运米出洋，我就挂起平粜招牌来运米出洋；这种巧计，可比《三国演义》上的诸葛先生还要利害。因此推论，打着"毋忘国耻"的招牌卖日货，打着社会主义的招牌拥护军阀、官僚，也是意中事。所以什么觉悟、爱国、利群、共和、解放、强国、卫生、改造、自由、新思潮、新文化等一切新流行的名词，一到上海便仅仅做了香烟公司、药房、书贾、彩票行底[①]利器。呜呼！上海社会！

① 旧同"的"。

学说与装饰品

本来没有推之万世而皆准的真理，学说之所以可贵，不过为他[①]能够救济一社会一时代弊害昭著的思想或制度。所以详论一种学说有没有输入我们社会底[②]价值，应该看我们的社会有没有用他来救济弊害的需要。输入学说若不以需要为标准，以旧为标准的，是把学说弄成了废物；以新为标准的，是把学说弄成了装饰品。譬如我们不懂话者生存底道理，社会向着退化的路上走，所以有输入达尔文进化论底需要；我们的文学、美术，都偏于幻想而至于无想了，所以有输入写实主义底需要；我们士大夫阶级断然是没有革新希望的，生产劳动者又受了世界上无比的压迫，所以有输入马格斯[③]社会主义底需要：这些学说底输入都是跟着需要来的，不是跟着时新来的。这些学说在社会上有需要一日，我们便应该当作新学说鼓吹一日；比这些更新的学说若在社会上有了输入底需要，我们当然是欢迎他；比这些更旧的学说若是在社会上有存留底需要，我们不应该吐弃他。现在有许多人说，达尔文底学说、写实主义自然主义底文艺、马格斯底社会主义，都是几十年前、百年前底旧学说，都有比他们更新的，他们此时已经不流行不时髦了。这种论调完全把学说当作装饰品，学说重在需要，装饰品重在时新，这两样大不相同呵！

---

① “五四”以前“他”兼指男性、女性以及一切事物。［见《现代汉语词典》（第7版）］本篇下文同。

② 旧同“的”。本篇下文同。

③ 今译“马克思”。本篇下文同。

懒惰的心理

改造社会自然应该从大处着想，自然应该在改革制度上努力，如此我们的努力才是经济的；但是不可妄想制度改革了，样样事便立刻会自然好起来。只可说制度不改，我们的努力恐怕有许多是白费了；却不可说制度改了，我们便不须努力。无论在何种制度之下，人类底[①]幸福、社会底文明，都是一点一滴地努力创造出来的，不是像魔术师画符一般把制度改了，那文明和幸福就会从天上落下来。怀这种妄想的人就是人类懒惰的心理底表现。

例如中国辛亥革命后，大家不去努力创造工业，不去努力创造教育，不去努力创造地方自治，不去努力监督选举，不去努力要求宪法上的自由权利，妄想改了共和就会自然有一步登天的幸福；又如俄罗斯十月革命以来，大家不想想他[②]在这短期间，除了抵抗内外仇敌及大饥馑，他所努力创造的只应该到何程度，便无理地责备他的成绩：这都是人类懒惰的心理底表现。

我们现在及将来的改革倘不排除这种心理，定会要失败的。据我所知道的：北京工读互助团以为他们是新思想、新制度底产物，便不须照旧式工商业那样努力、那样竞争，他们便因此失败了；某处有一消费合作社，他们以为合作社是新的理想、新的制度，不需要从前的营业技术，他们便因此失败了；有好几处学生贩卖部，他们以为是传播新文化底机关，不必

---

① 旧同“的”。本篇下文同。

② “五四”以前“他”兼指男性、女性以及一切事物。[见《现代汉语词典》（第7版）] 本篇下文同。

采用营业的麻烦手续，连出入账目都随随便便，不去用力弄清楚，他们便因此失败了。我看照这些同样不努力的懒惰的空想，都没有不失败的。

此外我们时常有“彻底”“完全”“根本改造”“一劳永逸”一些想头，也就是这种懒惰的心理底表现。人类社会底进化决不是懒惰者所想像的那样简单而容易。

一九二〇，十，一

社会的工业及有良心的学者

中国急需发达工业，但同时必须使重要的工业都是社会的不是私人的，如此，中国底[①]改革才得的着西洋工业主义的长处，免得他[②]们那样由资本主义造成经济危殆的短处。中国急需学者，但同时必须学者都有良心，有良心的学者才能够造成社会上真正多数人的幸福。我们敬爱一个诚实的农夫或工人过于敬爱一个没良心的学者。这班学者脑子里充满了权门及富豪底肮脏东西，他们不以为耻辱，还要把那些肮脏东西列入学理之内，他们那曲学阿世底罪恶助成了权门富豪底罪恶，都一件一件写在历史上，我们不曾忘记呵！

一九二〇，十一，一

① 旧同“的”。本篇下文同。

② “五四”以前“他”兼指男性、女性以及一切事物。［见《现代汉语词典》（第7版）］

劳动者底[①]知识从那[②]里来?

日本贺川丰彦先生（贺川先生是一位有良心的学者，他住在神户底贫民窟里十几年，专门出力帮助贫民，前两个月曾来上海调查中国之贫民窟）在大阪劳动问题讲演会曾说："在今日资本家制度的社会，金钱比生命还要贵重。资本家因为致富不惜牺牲劳动者底生命。大正六年算是最隆盛时代，然全国增加了医生五万人、看护妇六万人，而人口死亡率还是增加。"又说："据文部省研究调查，十五万小学生中，贫民子弟底平均身长，男的矮一寸，女的矮一寸五分；食物不足的人，身长及知识都不能发达。第一要叫他们食物充足呵！社会若不叫他们的食物充足，有非难劳动者无知识底权利吗?"我盼望主张工人缺乏知识不能增加工资之人，都注意贺川先生所举的事实！

① 旧同"的"。本篇下文同。

② 旧同"哪"。

三论上海社会

上海社会除了龌龊份子[①]以外，好的部分也充满了戴季陶先生所谓曼且斯特的臭味。偌大的上海竟没有一个培养高等知识的学校，竟没有一个公立的图书馆，到处都是算盘声、铜钱臭。近来不但是曼且斯特的臭味充满了，拜金主义的国里纽约的臭味也加进来了。而且这种纽约的臭味在上海大时髦而特时髦，他们分明是不过为自己、为资本家弄了几个铜钱，而偏偏自谓是在中国实业上贡献了许多文化。杜威、罗素来了，他们都当做福开森、朱尔典、拉门德一样欢迎，而且引为同调（硬说罗素劝中国人保存国粹），大出风头（屡次声明罗素是某人请来的）；但是杜威反对形式教育底[②]话和罗素反对资本主义底话，他们都充耳不闻，却和杜威、罗素这班书迂子谈起什么中美、中英邦交问题来了。罗素初到上海，在大东欢迎席上，就有人在演说中替商务印书馆登了一段卖书底广告。我们一方面固然赞叹商务印书馆底广告术十分神奇，一方面可是觉得曼且斯特、纽约两种臭味合璧的上海社会实在唐突学者！

一九二〇，十一，一

① 今作“分子”。

② 旧同“的”。本篇下文同。

华工

英国人自夸说：无论太阳走到何处，都照着英国国旗。我们也可以自夸说：无论太阳走到何处，都照着中国人做工。中国劳动者在国内做的工，除了瞎子都可以看得见，这是不待说的；他们并且散布到全地球了，地球上五大部洲，到处都有华工底[①]足迹，至于开辟那新旧金山底功劳，更是历史的伟人。最近一班无耻的军人、政客，各人自夸参战底功，试问除赴法的华工外，什么人对于参战有丝毫功绩？我们可以自夸的只有伟大的劳动力这一项，但偏偏有一班心盲的人硬说："吾辈居今日之中国，欲建立劳动者专政而患无劳动者也。"在外国底华工姑且不论，试问中国国内若无劳动者，我们吃的饭，穿的衣，住的房屋，乘的车船，是从那[②]里来的？我想他只有答道："这些都是资本家做给我们的。"

---

① 旧同"的"。本篇下文同。

② 旧同"哪"。

四论上海社会

上海社会是那[1]一种人最有势力？从表面上看来，政治的、经济的大权不用说，都在西洋人手里，但社会底[2]里面却不尽然。大部分工厂劳动者，全部搬运夫，大部分巡捕，全部包打听，这一大批活动力很强的市民都在青帮支配之下。去年学生运动时的大罢工已经显出他们的威信。他们的组织，上海没有别的团体能比他[3]大，他们老头子的命令之效力强过工部局。他们所做的罪恶实在不少，上海底秩序安宁可以说操在他们的手里。他们的团结是跟着物质上生活需要自然发生的，决不能够全由政治、法律底力量任意将他消灭下去。消灭他们之根本办法，惟有使各业工会在法律上都公然成立，并且使工会底权力能够容纳他们、团结他们，能够应他们物质上的生活需要，他们的秘密团结自然会消灭下去。在这一点看起来，上海工会发达不发达，不仅是劳动界利害问题，简直是上海全社会治安问题。

---

① 旧同“哪”。

② 旧同“的”。本篇下文同。

③ “五四”以前“他”兼指男性、女性以及一切事物。［见《现代汉语词典》（第7版）］本篇下文同。

劳工神圣与罢工

常常听见人说：你们一方面提倡劳工神圣，一方面又提倡罢工或提倡减少工作时间，岂不是自相矛盾吗？像这种头脑不清的说话，一班头脑不清的人或者以为很有道理。但是要晓得我们所崇拜的劳工神圣，是说劳动者为社会做的工——即全社会所享用的衣、食、住及交通机关——是神圣事业，不是说劳动者拼命替资本家增加财产是神圣事业。为资本家做工是奴隶事业，为社会做工是神圣事业，头脑清楚的人应该懂得这个区别。我们提倡罢工或减少工作时间，正因为现时生产制度下的奴隶事业玷辱了“劳工神圣”这四个字。可见，提倡罢工或减少工作时间和提倡劳工神圣是一致的，不是矛盾的。我盼望社会上要把这个道理弄清楚，免得思想新的资本家又来假劳工神圣的名义欺骗劳动者，替他拼命做工。

主义与努力

我们行船时，一须定方向，二须努力。不努力自然达不到方向所在，不定方向将要走到何处去？

我看见有许多青年只是把主义挂在口上，不去做实际的努力，因此我曾说："我们改造社会，是要在实际上把他①的弊病一点一滴、一桩一件、一层一层渐渐的②消灭去，不是用一个根本改造底③方法，能够叫他立时消灭的。"又曾说："无论在何制度之下，人类底幸福，社会底文明，都是一点一滴地努力创造出来的，不是像魔术师画符一般把制度改了，那文明和幸福就会从天上落下来。"这些话本是专为空谈主义、不去努力实行的人而发的，譬如船夫只定方向，不努力，船如何行得，如何达到方向所在？

但现在有一班妄人误会了我的意思，主张办实事，不要谈什么主义、什么制度。主义、制度好比行船底方向，行船不定方向，若一味盲目的努力，向前碰在礁石上，向后退回原路去，都是不可知的。

我敢说，改造社会和行船一样，定方向与努力二者缺一不可。

"教学者如扶醉人，扶得东来西又倒"，这话真是不错。

---

① "五四"以前"他"兼指男性、女性以及一切事物。[见《现代汉语词典》（第7版）] 本篇下文同。

② 当时用法，今作"地"。本篇下文同。

③ 旧同"的"。本篇下文同。

革命与作乱

我们为什么要革命？是因为现在社会底[1]制度和分子不良，用和平的方法改革不了，才取革命的手段。革命不过是手段，不是目的，除旧布新才是目的。若是忘了目的，或是误以手段为目的，那便大错而特错。政治革命是要出于有知识有职业的市民，社会革命是要出于有组织的生产劳动者，然后才有效果。若是用金钱煽动社会上最不良的分子（无职业不生产的流氓、地痞、盗贼）来革命，这种无目的之革命不能算革命，只能算作乱。革命底目的是除旧布新，是要革去旧的换新的，是要从坏处向好处革，若用极恶劣的分子来革命，便是从好处向坏处革了；那么，我们为什么要革命？

革命是神圣事业，是不应该许社会上恶劣分子冒牌的呀！

① 旧同“的”。本篇下文同。

虚无的个人主义及任自然主义

上海《时事新报》上所载 P. R. 君那篇《世界改造原理》，简直是梦话，简直是渔猎社会以前之人所说的。人类自有二人以上之结合以来，渐渐社会的发达至于今日，试问物质上、精神上那①一点不是社会底②产物？那一点是纯粹的个人的？我们常常有一种特别的见解和一时的嗜好，自以为是个性的，自以为是反社会的，其实都是直接间接受了环境无数的命令才发生出来的，认贼作子我们那能够知道！即如 P. R. 君所谓“不听命于人”之理想，当真是他个人的理想，绝对未曾听命于人吗？不但个人不能够自己自由解放，就是一国家也不能够自由解放，福利耶以来之新村运动及中国工读互助团便因此失败了。不但一团体不能够自由解放，就是一国家也不能够自由解放，罗素先生所以说俄罗斯单独改革有点危险。不但物质上如此，精神上也是如此。譬如妇女殉夫，他③自以为个人道德是应该如此的；又如我们生在这资本制度社会里的人，有几个人免了掠夺底罪恶，这种可怕的罪恶是个人能够自由解放的吗？除了逃到深山和社会完全隔绝，决没有个人存在之余地。我所以说 P. R. 那篇文章是梦话，是渔猎社会以前之人所说的。

至于他反对一切建立一个主义的改造，我试问他反对一切建立一个主义，是否也是一种主义？他主张个人物质的及精神的方面完全解放以后再

---

① 旧同“哪”。本篇下文同。

② 旧同“的”。本篇下文同。

③ “五四”以前“他”兼指男性、女性以及一切事物。［见《现代汉语词典》（第7版）］

改造，是否也是一种主义？他所希望的人人各得其所的理想世界，他所希望的干干净净的人生，是否也是一种主义？我们若是听命于他的这种无信仰、无归宿之改造，是否也要“深入一层地狱不能自由超拔的[①]反于本来大路上去”，是否也是“人类听命于人的改造”方法，是否也要“弄得非常紊乱无限苦恼，造罪作恶总不了悟”呢？

我们中国学术文化不发达，就坏在老子以来虚无的个人主义及任自然主义。现在我们万万不可再提议这些来遗害青年了。因为虚无的个人主义及任自然主义，非把社会回转到原人时代不可实现。我们现在的至急需要，是在建立一个比较最适于[②]救济现社会弊病的主义来努力改造社会；虚无主义及任自然主义，都是叫我们空想、颓唐、紊乱、堕落、反古[③]。

一九二〇，十二，一

① 当时用法，今作“地”。

② 原文如此。依今语法，似应表述为“最适于”或“比较适于”。

③ 今作“返古”。

民主党与共产党

民主主义是什么？乃是资本阶级在从前拿他[①]来打倒封建制度底[②]武器，在现在拿他来欺骗世人、把持政权底诡计。在从前政治革命时代，他打倒封建主义底功劳，我们自然不能否认；在封建主义未倒底国里，就是现在我们也不绝对的[③]反对他。但若是妄想民主政治才合乎全民意，才真是平等自由，那便大错而特错。资本和劳动两阶级未消灭以前，他两阶级底感情利害全然不同，从那[④]里去找全民意？除非把全国民都化为资本家或都化为劳动者，才真有全民意这件东西存在，不然，无论在何国家里，都只有阶级意、党派意，绝对没有全民意。民主主义只能够代表资产阶级意，一方面不能代表封建党底意，一方面更不能代表劳动阶级底意，他们往往拿全民意来反对社会主义，说社会主义是非民主的，所以不行，这都是欺骗世人、把持政权的诡计。

请看哈尔滨俄旧党《光明报》记者和上海《时事新报》记者底谈活（见十一月二十六日上海《时事新报》哈尔滨特约通信），这班民主派欺骗世人的诡计便完全暴露出来了。他说："我们非社会党的主张，就是要在远东建立一真正民主的共和国，决不赞成建立共产主义的国家。"又说："至于日本呢，我相信他能帮助我们。"又说："谢米诺夫却是真正的民主

---

① "五四"以前"他"兼指男性、女性以及一切事物。［见《现代汉语词典》（第7版）］本篇下文同。

② 旧同"的"。本篇下文同。

③ 当时用法，今作"地"。

④ 旧同"哪"。

党，现在只有他一人抵御共产党。”又说：“不论是美国，是日本，他们取得中东路权之后，总没有我们俄国人好。”又说：“中国取消俄使领，是不应当的。现在俄国人没有一个满意中国的审判厅的。”

由他这些说话，我们看出两件事：

（一）原来反对共产党底真正民主党就是谢米诺夫这样贪鄙不法的人物；

（二）原来民主党对中国底外交，和共产党放弃中东路权、放弃领事裁判权恰恰相反。

提高与普及

一国底[①]学术不提高固然没有高等文化，不普及那便是使一国底文化成了贵族的而非平民的，这两样自然是不能偏废。适之先生对于大学生主张程度提高，理论上自然是正当，别人驳他的话，我看都不十分中肯。我对于这个问题有两种感想：

（一）大学程度固然要提高，同时也要普及，提高而普及的方法，就是全国多设大学，各大学中多收绝对不限资格的自由旁听生。学术界自然不能免只有极少数人享有的部分，但这种贵族式的、古董式的部分，总得使他[②]尽量减少才好。

（二）专就北京大学学生而论，现在低的还没有，如何去提高？我觉得眼前不必急于提高，乃急于实实在在的[③]整顿各科底基础学。历来北大底毕业生有几个能自由译读西文参考书的？有几个基础的普通科学习得完备的？蔡孑民先生到北大以后，理科方面并不比从前发展，文科方面号称发展一点，其实也是假的，因为没有基础学的缘故。没有基础学，又不能读西文书，仍旧拿中国旧哲学、旧文学中昏乱的思想来高谈哲学、文学，是何等危险！我劝适之先生别高谈什么提高不提高，赶快教朱谦之、易家钺一流学生多习点基础科学，多读点外国文，好进而研究有条理的哲学，好医医他们无条理的昏乱思想罢[④]！

我这两种感想，适之先生以为如何？

---

① 旧同“的”。本篇下文同。

② “五四”以前“他”兼指男性、女性以及一切事物。[见《现代汉语词典》（第7版）]

③ 当时用法，今作“地”。

④ 旧同“吧”。

无意识的举动

倒军阀，我们是赞成的，但是倒一军阀成一军阀，实在是无意识的举动。战争我们虽然不绝对的[①]反对，但是无主义的地盘战争实在是无意识的举动。各省自治运动我们也很赞成，但是混合一班腐败官僚，安、政余孽，烂污政客，警察侦探，运动省自治，实在是无意识的举动。广州人赶去一班政客官僚，我们固然很赞成，但是他们又迎去一班政客官僚，实在是无意识的举动。各地学生排日货，我们固然不反对，但是去年天津学生、今年河南学生强迫贩卖日货商人游街，实在是无意识[②]的举动。政局统一，我们也不反对，但是赞成现政府统一中国，实际上就是日本间接的统一中国，实在是无意识的举动。

一九二〇，十二，一

① 当时用法，今作“地”。本篇下文同。

② 原书此处为“无识意”，疑误。参见上下文，几处皆为“无意识”。

文化运动与社会运动

文化运动与社会运动本来是两件事，有许多人当做是一件事，还有几位顶刮刮的中国头等学者也是这样说，真是一件憾事！

文化运动底[①]内容是些什么呢？我敢说是文学、美术、音乐、哲学、科学这一类的事。

社会运动底内容是些什么呢？我敢说是妇女问题、劳动问题、人口问题这一类的事。

这两类事底内容分明是不同的，硬要把他[②]们混为一谈，岂非怪事吗？

文学、美术里面，也许有人喜欢加上一点社会化的色彩，描写到妇女问题和劳动问题；从事社会运动的人，也许要很留意文学、美术、哲学、科学做他们社会运动底工具；但这两类事业底本身仍然是两件事，不可并为一说。或者有人一方面从事文化运动，一方面又从事社会运动，这只可以说一个人兼做两类的事，不可以说这两类事是一类。

有一班人以为从事文化运动的人一定要从事社会运动，其实大大的不然。一个人若真能埋头在文艺、科学上做工夫，什么妇女问题、劳动问题，闹得天翻地覆他都不理，甚至于还发点顽固的反对议论，也不害在文化运动上的成绩。又有一班人以为社会运动就是文化运动，这更是大错而特错。试问妇女问题、劳动问题，在文艺、科学上有何必然的连带价值？并不是我们看轻了社会运动，只因为他和文化运动是两件事，我们不能说

---

① 旧同“的”。本篇下文同。

② “五四”以前“他”兼指男性、女性以及一切事物。［见《现代汉语词典》（第7版）］本篇下文同。

在社会运动有成绩的人在文化运动也有成绩，也和我们不能说在文化运动有成绩的人在社会运动也有成绩是一样。以上两种人的误会，都是因为不明白文化运动和社会运动是两件事。

又有一班人并且把政治、实业、交通都拉到文化里面了，我不知道他们因为何种心理看得文化如此广泛至于无所不包？若再进一步，连军事也拉进去，那便成了武化运动了，岂非怪之又怪吗！

政治、实业、交通，都是我们生活所必需，文化是跟着他们发达而发生的，不能说政治、实业、交通就是文化。这个道理罗素在北京演讲的《社会结构学》里面有一段说得很清楚，现在录在下面：

> 什么叫做文明，其定义可以说是要求生存竞争上不必要的目的——生存竞争范围以外之目的。古化[①]文明，第一次发原[②]于埃及、巴比伦，大河出口之处，地土膏腴，宜于农作，由农业发生文明……在膏腴的地方，如长江、黄河底下游，一人工作出来的不止供给一人底需要，于是少数人得着闲暇，可以从事知识、思想的生活，如文字、算术、天文等，均为后世文明底基本；但在这时候，虽有少数人从事文明事业，其大多数人作工还非一天到晚劳苦不可，科学、哲学、美术固然也有人注意，但只是少数幸运的人。在实业发达时代，生产必需品既然增加，要多少就有多少，一人只要每天四小时作工，余剩的就可以从事知识、思想的生活了。

创造文化，本是一民族重大的责任、艰难的事业，必须有不断的努力，决不是短时间可以得着效果的事。这几年不过极少数的人在那里摇旗呐喊，想造成文化运动底空气罢了，实际的文化运动还不及九牛之一毛，

① 原文如此。疑为“古代”之误。
② 今作“发源”。

那责备文化运动底人和以文化运动自居底人，都未免把文化太看轻了。

最不幸的是一班有速成癖性的人们，拿文化运动当做改良政治及社会底直接工具，竟然说出“文化运动已经有两三年了，国家、社会还是仍旧无希望，文化运动又要失败了”的话，这班人不但不懂得文化运动和社会运动是两件事，并且不曾懂得文化是什么。

中国式的无政府主义

我近几年来细细研究我中华民族种种腐败堕落到人类普通资格之水平线以下，我的惭愧、悲愤、哀伤，常常使我不肯附和一般新旧谬论。

我敢大胆宣言：非从政治上、教育上施行严格的干涉主义，我中华民族底[①]腐败堕落将永无救治之一日。因此我们唯一的希望，只有希望全国中有良心、有知识、有能力的人合拢起来，早日造成一个名称其实的“开明专制”之局面，好将我们从人类普通资格之水平线以下救到水平线以上。

施行这严格的干涉主义之最大障碍，就是我们国民性中所含的懒惰、放纵、不法的自由思想；铸成这腐败堕落的国民性之最大原因，就是老庄以来之虚无思想及放任主义。

近来青年中颇流行的无政府主义，并不完全是西洋的安那其，我始终认定是固有的老庄主义复活，是中国式的无政府主义，所以他们还不满于无政府主义，更进而虚无主义，而出家，而发狂，而自杀；意志薄弱不能自杀的，恐怕还要一转而顺世堕落，所以我深恶痛绝老庄底虚无思想、放任主义，以为是青年底大毒。

《民国日报·觉悟》上，太朴答存统的信中说：“我相信中央集权的政治组织与中国的国民性不能容；马氏主义是中央集权，故我不信其能实行。”又说：“中国底国民性既不容中央集权的政治组织，而中国底社会情形又向来是无政府已惯的，所以一旦要行起劳农政治，要组织强有力的中

① 旧同“的”。本篇下文同。

央机关，我真不知其可也！”又说：“我是中国式的无政府主义者。”

太朴先生这几句话诚然不错，但我以为若要迁就中国国民性和社会情形而不加以矫正，只有袁世凯、张勋一班人绝对赞成罢[①]；因为袁、张都正是口口声声根据国民性和社会情形发挥他们的主张呵！

我发誓宁肯让全国人骂我、攻击我、压迫我，而不忍同胞永远保存这腐败涣散的国民性，永远堕落在人类普通资格之水平线以下。

一九二一，五，一

① 旧同“吧”。

下品的无政府党

我前次所说中国式的无政府主义即虚无主义的无政府党，在中国读书人中还总算是上品；其余那一班自命为无政府党的先生们，投身政党的也有，做议员的也有，拿干俸的也有，吃鸦片烟的也有，冒充人家女婿的也有，对人说常同吴稚晖先生在上海打野鸡的也有，做陆军监狱官的也有，自称湖南无政府党先觉到处要人供给金钱的也有，以政学会诬人来谋校长做的也有，书已绝版尚登广告劝人寄钱向他购买的也有，谋财杀害嫂子的也有，可以说形形色色无奇不有了。

吴稚晖先生说：

> 什么无政府党，简直是拆白党！

沈玄庐先生说：

> 传播一种主义，为现社会所嫉视的，或单独施行一种牺牲生命的行为给社会群众一个暗示，这是何等简单、纯洁的行为。勇于群众所不敢做的事，拿躯体做了肉弹，在己身一无所图而给昏迷的群众一个大大的暗示，尤为难能可贵。群众中间，亦须万人中得一二这样的分子，无论旧势力怎样严重的①压迫，没有不崩溃的。可是这类的动作，是沉默中的迅雷，是立体的事实，决不是被雇佣或鼓吹别个人去做的

① 当时用法，今作“地”。

事。现在居然有几个人把手枪、炸弹挂在口头，印上纸面，做传播主义的锋头；这些不实的平面的空谈，拿来吓死老鼠都无用，打算骗哪个人呢？如果说这也是一种鼓吹，希望别一个人去实行，这种叫人家去放火，自己立在隔岸做指挥者，事成居了功，事败免得祸，这是什么心理？

现在有几个人，既不是过资本生活，又不做工银劳动，据他们的主张是“传播主义，维持生活”。在操行清洁的，未尝不像一个沿门托钵的苦行僧；只是借传播主义来维持生活，就活现一个择肥而噬的拆白党。依我个人当面接受到的口吻，公然有无论取到哪一个人底[①]财货，就算是“光复”的。分明不是生产的劳动者，却把生产劳动者该说的话、该做的事也横领了来，掠夺的手段几乎驾在资本家之上。一面还要反对劳工专政，这又是什么心理呢？“你的就是我的，我的还是我的”，社会上为这些人下了这种标语，这又是克鲁泡特金《互助论》例外的人，更是托尔斯泰对他无抵抗的人物，尤其是马克斯[②]阶级争斗史中变态的产儿。这几个人常常自命为“万国政府所不容”，幸而资本主义底国家和政府存在，一般人因为正在起阶级仇视底思潮，不注意到这些少数变态的拆白党身上去。如果经济制度革了命，哪里有他们的立脚地！

① 旧同“的”。本篇下文同。

② 今译“马克思”。

青年底[1]误会

“教学者如扶醉人，扶得东来西又倒。”现代青年底误解，也和醉人一般。你说要鼓吹主义，他就迷信了主义底名词万能。你说要注重问题，他就想出许多不成问题的问题来讨论。你说要改造思想，他就说今后当注重哲学不要科学了。你说不可埋头读书把社会公共问题漠视了，他就终日奔走运动把学问抛在九霄云外。你说婚姻要自由，他就专门把写情书、寻异性朋友做日常重要的功课。你说要打破偶像，他就连学行值得崇拜的良师益友也蔑视了。你说学生要有自动的精神、自治的能力，他就不守规律、不受训练了。你说现在的政治、法律不良，他就妄想废弃一切法律、政治。你说要脱离家庭压制，他就抛弃年老无依的母亲。你说要提倡社会主义、共产主义，他就悍然以为大家、朋友应该养活他。你说青年要有自尊底精神，他就目空一切，妄自尊大，不受善言了。你说反对资本主义的剩余劳动，他就不尊重职务观念，连非资本主义的剩余劳动也要诅咒了。你说要尊重女子底人格，他就将女子当做神圣来崇拜。你说人是政治的动物不能不理政治，他就拿学生团体底名义干与一切行政、司法事务。你说要主张书信秘密自由，他就公然拿这种自由做诱惑女学生底利器。长久这样误会下去，大家想想是青年底进步还是退步呢?

① 旧同“的”。本篇下文同。

反抗舆论的勇气

舆论就是群众心理底[①]表现，群众心理是盲目的，所以舆论也是盲目的。古今来这种盲目的舆论，合理的固然成就过事功，不合理的也造过许多罪恶。反抗舆论比造成舆论更重要而却更难。投合群众心理或激起群众恐慌的几句话往往可以造成力量强大的舆论，至于公然反抗舆论，便不是一件容易的事了。然而社会底进步或救出社会底危险，都需要有大胆反抗舆论的人，因为盲目的舆论大半是不合理的。此时中国底社会里正缺乏有公然大胆反抗舆论的勇气之人！

一九二一，六，一

① 旧同“的”。本篇下文同。

过渡与造桥

今人多言过渡时代，我以为这名词还不大妥，因为有个彼岸才用渡船渡过去；永续不断的宇宙人生，简直是看不见彼岸或竟实无彼岸的茫茫大海，我们生存在这大海中之一切努力，与其说是过渡，不如说是造桥。自古迄今，人人不断的[1]努力都像是些工程师和小工在那里不断的造桥。这座桥虽然还没有完工的希望，或者永无完工的希望，但是从古到今已造成的部分却是可以行人，并非劳而无功。我们今后若是不想双脚蹈海，若是还想在桥上行走，只有接续前人工程努力造桥，使这桥一天长似一天，行人一天方便一天；不但天天要把未造的延长，而且时时要把已造的修整，不可妄想一劳永逸，更不应因一时不见彼岸而灰心。或者可以说，这桥渐渐造的[2]又长又阔，能容大家行车跑马，又架上楼阁亭台，这桥便是彼岸，此外更无所谓彼岸。

---

① 当时用法，今作“地”。本篇下文同。

② 旧同“得”。

卑之无甚高论

高论倘能救世，孔、孟之称仁说义早已把世界弄好了。

罗素离中国最后的演讲《中国人到自由之路》里面说："中国最要紧的需要是爱国心底[1]发达，而于有高等智识足为民意导师的尤为要紧。"这句话恐怕有许多高论家骂他不彻底，更要责备他和从前热心主张的世界主义反背了。我独以为这正是对中国人很适当的卑之无甚高论。他又说："希望在极短促的期间，把精神分播到民间去，实是痴想。但是改革之初，需有一万彻底的人，愿冒自己生命的牺牲，去制驭政府，创兴实业，从新建设。"这句话恐怕有许多高论家骂他提倡少数人专政。我也以为这正是对中国人很适当的卑之无甚高论。

中国人民简直是一盘散沙，一堆蠢物，人人怀着狭隘的个人主义，完全没有公共心，坏的更是贪贿卖国、盗公肥私，这种人早已实行了不爱国主义，似不必再进以高论了。

一国中担任国家责任的人自然是越多越好，但是将这重大的责任胡乱放在毫无知识、毫无能力、毫无义务心的人们肩上，岂不是民族的自杀！中国此时不但全民政治是无用的高论，就是多数政治也是痴想；若照中国多数人底意思，还应该男子拖下辫子，女子包起小脚，吃鸦片，打麻雀，万事都由真命天子做主。这种事实决不是高论能够掩住使我们可以不承认的。

吴稚晖先生说："现在只好令列宁杀了我们，然后我们再杀列宁。"我

---

① 旧同"的"。本篇下文同。

想吴先生这种卑之无甚高论的论调，不专为老腐败而发，也并为一般自命为觉悟的青年而发。

可怜我们中国幼稚的产业和幼稚的教育逼迫着我不得不鼓起勇气说句实话："卑之无甚高论。"

我希望不愿意民族的自杀之人，勿闭起眼睛妄发不认事实、自欺欺人的高论！

革命与制度

社会底[①]进步不单是空发高论可以收效的，必须有一部分人真能指出现社会制度底弊病，用力量把旧制推翻，同时用力量把新制度建设起来，社会才有进步。力量用得最剧烈的就是革命。革命不是别的，只是新旧制度交替底一种手段；倘革命后而没有新的制度出现，那只算是捣乱、争权利、土匪内乱，不配冒用“革命”这个神圣的名称。若说制度总不是好东西，不如根本革了他[②]的命；这种高论或者有人以为如此才算彻底，其实旧制度正可借这种高论苟延残喘。因为凡是一种制度，都有他所以成立的理由和成立经过在历史上的势力，非有一种新的制度经过人们努力建设，成了舆论，成了法律，在事实上有代替他的势力，他是不会见了高论便自然消灭的；所以不切于实际需要的高论往往可以做旧制度底护身符，这种高论只算是低论罢了。

---

① 旧同“的”。本篇下文同。

② “五四”以前“他”兼指男性、女性以及一切事物。［见《现代汉语词典》（第7版）］本篇下文同。

政治改造与政党改造

“人是政治的动物。”政治只可以改造变形，要说人类可以绝对不要政治，这话此时还没有证据。既然有政治，便不能无政党，政党只可以改造，要说政治可以绝对不要政党，这话此时也还没有证据。无论是有产阶级的政党或无产阶级的共产党，凡是直接担负政治责任之团体，似乎都算是政党。一般人民虽然都有选举被选举权，但实际上被选举的究竟多是政党；一般人民虽然都有参与政治的权利，但实际上处理政务、直接担负政治责任的究竟还是政党；所以政党不改造，政治决没有改造底[①]希望。

有产阶级各政党底过去的成绩，造谣、倾陷、贿卖、假公肥私、争权夺利、颠倒是非、排斥异己，不分东方西方都在百步五十步之间。以这班狐群狗党担负政治的责任，政治岂有不腐败之理。有人说，在有产阶级的政治之下，由金力造成的政党，这种现象是必然的，是无法改造的，只有以共产党代替政党，才有改造政党底希望。我以为共产党底基础建筑在无产阶级上面，在理论上，自然要好过基础建筑在有产阶级上面用金力造成的政党；但是天下事“无征不信，不信民弗从”，旧政党底腐败诚然是信而有征，新的共产党究竟如何，全靠自己做出证据来才能够使人相信啊！

罗素在《中国人到自由之路》里说：“改革之初，需有一万彻底的人，愿冒自己性命的牺牲，去制驭政府，创兴实业，从新建设。这类人又须诚实能干，不沾腐败习气，工作不倦，肯容纳西方的长处，而又不像欧美人做机械的奴隶。”又说：“中国政治改革，决非几年之后就能形成西方的德

① 旧同“的”。本篇下文同。

谟克拉西。……要到这个程度，最好经过俄国共产党专政的阶级。因为求国民底智识快点普及，发达实业不染资本主义的色彩，俄国式的方法是唯一的道路了。”

罗素这两段话，或者是中国政党改造底一个大大的暗示。

政党是政治底母亲，政治是政党的产儿，我们与其大声疾呼“改造政治”，不如大声疾呼“改造政党”！

一九二一，七，一

出版后记

（一）

《独秀文存》收录了陈独秀 1915 年 9 月到 1921 年 8 月所写的部分论文、随感和公开发表的通信，约 60 万字，1922 年由上海亚东图书馆出版，分为论文、随感录、通信三卷四册。

陈独秀（1879—1942），安徽怀宁（今安庆市）人，新文化运动的倡导者，“五四”运动的思想指导者，马克思主义的积极传播者，中国共产党重要的创始人和早期重要领导人。陈独秀的一生，与激荡的时代风云相始终，波澜壮阔，起伏跌宕。他的身上，既有职业革命家的豪迈与激情，又有传统知识分子的狷狂和不羁，这样的性格特点，塑造了他一生的悲剧气质，也注定了他一生的浮浮沉沉、不同寻常。王观泉先生说：“陈独秀一生有三大阶段：一、‘五四’运动；二、创导中国共产党并领导工作了七年；三、成为中国托派领袖。《独秀文存》是陈独秀第一阶段的论著粹编。”① “在陈独秀生前足以代表他政治思想、革命智谋和政治见解，以及广泛意义上的文化创见的，仅仅只有这部《独秀文存》。”②

《独秀文存》分为论文、随感录、通信三卷。“论文”部分文字最多，约占全书二分之一强，所收主要是陈独秀发表在《新青年》上的文章，如《青年杂志》（1916 年 9 月 1 日改称《新青年》）的发刊词《敬告青年》一文，在《独秀文存》中被列为第一篇，这不仅仅因为该文发表时间最早，

①② 王观泉．重印本《独秀文存》序：一个人和一本书的故事［J］．鲁迅研究月刊，2001（2）．

也因它是最能充分体现陈独秀倡导新文化思想的一篇文章。在文章中，陈独秀从进化论的观点出发，热烈地宣告“青年之于社会，犹如新鲜活泼细胞之在人身。新陈代谢，陈腐朽败者无时不在天然淘汰之途，与新鲜活泼者以空间之位置及时间之生命”。他号召青年要认识到自身价值，承担起自身责任，“奋其智能，力排陈腐朽败者以去”。那么，什么是“新鲜活泼”而不是“陈腐朽败”呢？陈独秀提出了六项标准（六义），即“自主的不是奴隶的，进步的不是保守的，进取的不是退隐的，世界的不是锁国的，实利的不是虚文的，科学的不是想象的”。可以说，贯穿于这六项标准之中的，是民主与科学的精神，因此该文也可被视为新文化运动兴起的宣言。除《敬告青年》外，“论文”部分还收录了《文学革命论》《驳康有为〈共和评议〉》《偶像破坏论》《宪法与孔教》《〈每周评论〉发刊词》等一系列重要文章，这些文章充分体现出陈独秀时政论文的风格。他一支健笔，拨动时代风云，论人论事鞭辟入里，文字纵横捭阖，汪洋恣肆。与他直率、激烈的性格一样，他的文章不绕弯子，直来直去，没有丝毫的含混模糊。

“随感录”为针对性很强的杂感，短小精悍，多则百余字，少则数十字。陈独秀可算是“随感”的开创者，1918 年 4 月 15 日，陈独秀的三篇随感发表在《新青年》上。此后，在《新青年》和《每周评论》上，陈独秀发表了大量的随感，《独秀文存》中收录的 160 篇随感即来源于上述两本杂志。陈平原先生认为，“随感录”是一种“兼及政治与文学、痛快淋漓、寸铁杀人的文体”，“不仅仅为作家赢得了一个自由发挥的专栏/文体，更凸显了‘五四’新文化人的一贯追求——政治表述的文学化。”[①] 这些“寸铁”（即子弹）般尖锐有力的杂感直指当时的现实问题，射向军阀、政客、官僚、遗老遗少等，一针见血，痛快淋漓。鲁迅在 1921 年致

① 陈平原.“妙手”如何“著文章”——为《新青年》创刊九十周年而作[J]. 同舟共进，2005(5).

信周作人时，对陈独秀“随感”的风格做了一个评价：“惟独秀随感究竟爽快耳 。”[①] “爽快”，这可算是对陈独秀“随感”风格最精要传神的概括。

“通信”是《独秀文存》中的重要部分，最能直接反映陈独秀的思想，所收录的信件主要是他主创《新青年》时期读者的来信以及他对这些来信的公开作答。既为公开作答，除了回复读者疑问甚至是问难外，陈独秀更是要借助给读者回信这一机会，表明自己对当时的政治、思想、文化领域各种趋势和问题的看法，用意在于将问题的讨论引向深入。“通信”部分的来信者，有教授、学者，也有青年学生；有陈独秀的思想同道，也有文化保守主义者和他的论敌。针对来信的内容，陈独秀或赞同，或驳斥，或辨析，或反诘，不少回信文字不多，只寥寥数百字，却有泰山压顶之势，迅疾就将对手“打翻在地”。他善于抓住对手的漏洞，以子之矛攻子之盾，回击犀利，直指要害，丝毫不留情面，绝不拖泥带水，笔锋所指，万人披靡。这些当年支撑起《新青年》的“通信”，被陈平原先生称为“神品”[②]。自然，《独秀文存》中的这些“通信”，是最能体现陈独秀论战文字风格，也最能体现他作为一个文化斗士个性的文字。

陈独秀在《独秀文存·自序》中说过：“我这几十篇文章，不但不是文学的作品，而且没有什么系统的论证，不过直述我的种种直觉罢了；但都是我的直觉，把我自己心里要说的话痛痛快快的说将出来，不曾剿袭人家的说话，也没有无病而呻的说话。”不做无病呻吟，把自己的思想痛痛快快地说出来，正是《独秀文存》展现出的风格和魅力。也正因为“直述直觉”，尽吐胸臆，这些文章才真实可爱，才能时隔近百年后，仍然能让我们触摸到当时时代的脉动，感受到当年字纸上的温度。蔡元培先生在为该书第九版所做的序言中说：“这部《文存》所存的，都是陈君在《新青

---

① 转引自范文静.《独秀文存》的文学史意义研究[D]. 昆明：云南师范大学，2016.

② 陈平原.“妙手”如何“著文章”——为《新青年》创刊九十周年而作[J]. 同舟共进，2005(5).

年》上发表过的文章，大抵取推翻旧习惯、创造新生命的态度，而文章廉悍，足药拖沓、含糊等病；即到今日，仍没有失掉青年模范的资格。”其实又何止是青年，今天的读者，无论少长，再次阅读该书，相信都能从中获益。

（二）

《独秀文存》1922 年 8 月由上海亚东图书馆出版，首印 3 000 部，不及一月即销售一空。同年再版，再印 3 000 册，亦很快告罄。1922—1926 年，该书共印刷了 8 次，累计印数高达 29 000 部。

1932 年，陈独秀在上海公共租界被捕，后被押往南京待审，在与前往狱中探望的亚东图书馆汪原放见面时，陈独秀对当年出版的《独秀文存》仍念念不忘，他说：“我欠亚东的钱实在不少了，心里很难过，你可以把《独秀文存》重印出来，让我快快拿版税把亚东的账结清才好。”于是 1933 年 10 月，亚东图书馆再次印刷了 1 000 册《独秀文存》（第九次印刷）。因销路不错，1934 年 3 月，又第十次印了 4 000 册。第九次和第十次印刷，与之前的八次印刷所用的是同一纸型，因此文字上并无差别。只是从第九次印刷起，为声援身陷囹圄的陈独秀，国民党元老、曾经的北京大学校长蔡元培为《独秀文存》亲自写了序言，这也成为九印、十印与之前版本最大的区别。至此，《独秀文存》总计印刷了十次，三万多部。

中华人民共和国成立后，由于特殊的历史原因，1952 年，亚东图书馆被查封，《独秀文存》也不再刊印。直到 30 多年后的 20 世纪 80 年代，国内才有出版社重新印刷出版《独秀文存》。20 世纪 80 年代后国内出版的《独秀文存》主要有三种：一是安徽人民出版社 1986 年出版的简体横排版。因出版年代距今天已较久远，市面上已经很难见到该版本。二是贵州教育出版社 2005 年 4 月出版的《〈独秀文存〉选》，简体横排。该书为《独秀文存》的选编本，未能反映《独秀文存》的全貌。三是 2013 年 8 月外文出版社出版的《独秀文存》影印版，繁体竖排。该版本以1933年上海亚东图书馆第九版为底本影印，保留了原书风貌，但因是繁体竖排，且使用的标点符号也与现行标点符号用法不同，对于现代读者来说，阅读上较为不便。

（三）

鉴于以上情况，首都经济贸易大学出版社决定以1933年亚东图书馆《独秀文存》第九版为底本，同时参考其他版本，出版《独秀文存》简体横排版。

我们的版本具有以下一些主要特点：

第一，简体横排，依照现今标点符号用法对原版本重新加以标点，以方便现代读者阅读和相关研究者参考使用。

第二，改变原书分册方式，重新分为四册。《独秀文存》原书分为论文、随感录、通信三卷，其中第二卷“随感录”字数较少，不及10万字。原书将三卷分为四册：第一、第二册和第三册一部分为第一卷“论文”部分，第三册后一部分为第二卷“随感录”，第四册为第三卷“通信”。这样分册，虽然使四册的页数大体相当，但将第一卷分到了三册中，与第二卷混排在一册，给读者阅读造成不便。因此，我们此次采取了新的分册方式，即：将第一卷“论文”分成第一册、第二册（称为《论文上》《论文下》）；第二卷“随感录”自成一册，为第三册；第三卷“通信”仍在第四册。这样分册，虽使第三册页码较少，但读者选择不同卷目阅读时更为方便。

第三，为体现原亚东图书馆版本的价值，本次简体横排出版时，基本仅做繁体字简化工作，对原版中的文字绝大多数情况下不做改动。

具体来说，针对不同情况所做的相应处理如下：

1. 对于原书中明显的错字、错误（如缺字，或根据上下文义判断为明显的错误），在正文中加以修改，并在页下注中加以说明。如：原书中“相形见拙”一词，疑有误，依上下文意思改为“相形见绌”；原书中人名有“吴稚辉”，当误，改为“吴稚晖”；原书中“黑越越”一词，当误，改为“黑魆魆”；等等。

2. 对于除人名之外的异体字，按照现代汉语用字规范要求，直接在正文中加以修改，不再注释说明。对于人名中出现的异体字，则保留原字，如“常乃悳”。

3. 原书中某些字、词的用法或意思与今天有较明显不同，为避免读者理解上产生疑义，正文中不做修改，以页下注的方式加以说明。如，“削灭”、“植产”、“唱道”（同今“倡导”义）、“销沉”、“刺戟”、“妨止”、“炭素”、“取销”、“辨驳”、“根深底固”、“骈丽”、“公同”、“联续”、“真象”，等等。

4. 对于原书中其他一些字词的用法，我们主要以《现代汉语词典》（第七版）（以下简称《现汉》）为依据，同时参考《辞海》《古代汉语词典》等辞书，区别情况后加以不同的处理。

第一种情况，诸如原书中的“想像”一类词，按照《现汉》，推荐用词为“想象”，在“想象”词条解释后附有说明：“也作想像。”对于此种情况，考虑到原书用词在《现汉》中仍有收录，且不影响现代读者理解和阅读，我们对原书用字、用词不做修改，也不再在页下注释说明。原书中涉及此类情况的字词有：“想像”“惟一”“展转”“摹仿”“骨董”“无需”“著手”“左证”“详实”“那末”“澈底”“颁白”“人材”“飘渺”“传钞”“牵就”“原由”“磨练”“孳生”“身分”“屈伏”，以及“卒”（同“猝”）、“甚”（同“什”）、“希”（同“稀”）、薰（同“熏”）；等等。

第二种情况，原书中一些字词，《现汉》中明确标注为“旧同”“古同”“书同”等情况，我们不做改动，在页下注中加以说明。比如，当时用法中“那”“哪”是可以通用的，对于原书中“那”表示今天“哪”这个意思时，《现汉》中的说明为“旧同哪”。因此，我们在正文中保留原版文字，以页下注形式加以说明。涉及此类情况的字有：“那”（旧同“哪”）、狠（旧同“很”）、大（旧同“太”）、钞（旧同“抄”）、“畔”（古同“叛”）、“罢”（古同“疲”）、“叙”（书同“序”）、“谭”（书同“谈”），等等。

第三种情况，对于原书中“他”字既指代男性，也指代女性和其他事物的情况，《现汉》中有明确说明，为此，我们对原书中“他”字的用法不做修改，仅在页下注中加以说明。

5. 对于译名，除对极个别人名、地名当时与现今译法不同的情况做了改动并说明外，均保留原书中的译名，不做修改和说明。

6. 对于原书中所引古代典籍的文字，与今通行本不同的，不在正文中加以改动的，以页下注的形式加以说明；凡在正文中依今通行本做了调整的，均以页下注说明改动的情况。

总之，我们希望通过这样的方式，既最大限度地保持原版文字的原汁原味和版本价值，也尽最大努力避免歧义，给当今读者的阅读提供方便。

《独秀文字》洋洋六十余万言，从第一篇文章《敬告青年》（写于1915年9月）算起，到所收录的最后一篇文章《答蔡和森（马克思学说与中国无产阶级）》（写于1921年8月），前后共七年，跨越了新文化运动勃兴和五四运动的整个时期。七年中，陈独秀面对不同的社会问题，发表不同的议论，同时，他的思想也随着时代的变迁和发展日臻成熟。《独秀文存》的出版者、亚东图书馆的汪原放在后来的回忆中说：“《文存》里的文章，多数是关于民主与科学的，但后来已经有一些倾向于社会主义的了。”此话颇有见地。《独秀文存》反映的，正是陈独秀从激进的民主主义者演变为马克思主义者的过程。《独秀文存》所记录下的，不仅仅是陈独秀在这一时期的思想变化和心路历程，更主要反映了中国共产党成立前的思想准备过程，因而具有非常重大的思想和理论研究价值。希望通过我们这次对《独秀文存》的整理出版，为国内外陈独秀研究工作提供有价值的参考文献，对推动陈独秀研究工作的进一步深入有所帮助，有所裨益。

出版者
2017 年 11 月